La ciencia de saber empezar:

Cómo vencer la procrastinación, estimular la productividad y acabar con el autosabotaje

Por Patrick King
Entrenador de conversación e interacción social
www.PatrickKingConsulting.com

Traducido por **Guillermo Imsteyf**

Contenido

CONTENIDO — 5

INTRODUCCIÓN — 7

CAPÍTULO 1. POR QUÉ TE LA PASAS ECHADO EN EL SILLÓN — 13

EL CICLO DE LA PROCRASTINACIÓN — 17
EL CEREBRO REPTILIANO — 34
DOMINADO POR IMPULSOS — 41
LAS 9 ESCALAS DE LA PROCRASTINACIÓN — 49

CAPÍTULO 2. TU PERFIL DE PROCRASTINADOR — 69

TIPOLOGÍAS DE LA PROCRASTINACIÓN — 70
DESENCADENANTES DE TIPOLOGÍA — 79
A PESAR DE TODO — 84

CAPÍTULO 3: MENTALIDAD PARA LA ACCIÓN — 95

LA FÍSICA DE LA PRODUCTIVIDAD — 96
LA PARADOJA DE LA ELECCIÓN — 108
LA MOTIVACIÓN SIGUE A LA ACCIÓN — 118

CAPÍTULO 4: TÁCTICAS PSICOLÓGICAS — 127

NADIE TIENE GANAS PORQUE SÍ — 128
FUERA DE LA VISTA, FUERA DE LA MENTE — 138
VISUALIZA TU YO FUTURO — 143
EL MÉTODO SI-ENTONCES — 149

CAPÍTULO 5: PLANIFICACIÓN ESTRATÉGICA — 157

- PIENSA EN STING — 158
- MANIPULA LA «ECUACIÓN DE LA PROCRASTINACIÓN» — 165
- CONJUNTO DE TENTACIONES — 176
- LA MATRIZ DE EISENHOWER — 180

CAPÍTULO 6: ESTRUCTURARSE CONTRA LA PROCRASTINACIÓN — 195

- NO TENGAS MÁS «DÍAS CERO» — 196
- EMPLEA TÉCNICAS DE AUTOINTERROGACIÓN — 200
- ORGANIZA TU HORARIO — 206
- LIMITA EL CONSUMO DE INFORMACIÓN — 211

CAPÍTULO 7. SACÚDETE LA MODORRA — 225

- LA REGLA 40-70 — 226
- PEQUEÑOS PASOS — 230
- DESTERRAR LAS EXCUSAS — 235
- LEY DE PARKINSON — 242
- LA PIRÁMIDE DE ENERGÍA — 245

GUÍA RESUMIDA — 265

Introducción

*Quiero comenzar este libro contándote una historia sobre la procrastinación.
O tal vez te la cuente más tarde.*

Cuando mi madre estaba embarazada de mí, mi padre prometió hacer un estante para mi cuarto donde ir guardando todos los objetos y recuerdos de mi infancia, como mechones de cabello, dientes de leche, mis primeras uñas recortadas, el brazalete de recién nacido y mi primer par de zapatos.

Parece que lo que los padres guardan de sus hijos es básicamente basura, pero supongo que el valor sentimental lo es todo. Se suponía que el estante tendría espacio arriba y abajo para colocar fotos, y una regla a un lado para registrar mi altura. Una idea bastante buena, ¿verdad? Tierna, también. Al menos eso pensaba mi padre.

Él tuvo la idea cuando yo apenas tenía el tamaño de un maní, es decir, aproximadamente a los dos o tres meses de embarazo de mi madre. El estante estuvo finalizado después de que perdí mi primer diente, esto es, cuando yo tenía aproximadamente siete años.

Construir el estante le llevó a mi padre alrededor de ocho años, y no porque estuviera buscando por el mundo el árbol perfecto con la madera idónea. Tampoco porque haya querido esperar a que yo creciera para poder compartir la experiencia de construirlo juntos, aunque esa sería una buena excusa.

Él simplemente *procrastinó*. Si bien mantuvo al estante en su lista de tareas pendientes, siempre había otra tareas más importantes o con mayor urgencia. Años más tarde le pregunté por qué lo había postergado por tanto tiempo y me respondió que siempre le había parecido una tarea demasiado grande, mientras que todo lo demás parecía más fácil de concretar, por lo que siempre terminaba inclinándose por esas otras tareas, como lavar el auto, limpiar las canaletas o cocinar algo rico. Quizás ni siquiera tuviese ganas de hacer esas otras tareas, pero al menos eran relativamente sencillas, sabía por dónde empezar y estaba seguro de poder concluirlas en un tiempo determinado.

Naturalmente, lo siguiente que le pregunté fue qué lo había motivado a terminar de construir el estante de una vez por todas. Su respuesta estaba íntimamente relacionada con su razón para no comenzar. En lugar de ver el estante como una tarea insuperable que le llevaría semanas, comenzó a verlo como algo que podía hacer poco a poco. Así, compró clavos un fin de semana, tomó medidas la semana siguiente, y fue añadiendo una o dos maderas por mes. En otras palabras, se lo tomó con calma y dividió la abrumadora tarea en pequeños pasos que le permitieron pensar: «Vaya, puedo hacerlo ahora mismo».

Esta es una historia sobre cómo matar a la bestia de la procrastinación, de un modo que todos podemos aplicar a nuestra vida diaria. Una de las armas más poderosas con las que contamos para vencerla es precisamente su enemigo natural: hacer que cada tarea parezca imposible de evitar en el momento presente. Ya hablaremos de esto con detalle más adelante.

Quizás sea hereditario, pero la procrastinación me ha acosado durante años, tanto en mi vida personal como en la profesional. Me avergüenza reconocer haber pasado noches enteras en la universidad sin haber logrado aprender la lección. Dividir las tareas en pequeños pasos es un factor importante para derrotarla, pero comprender el aspecto psicológico detrás de la procrastinación y por qué parece que no puedes hacer lo que es mejor para ti es lo que te permitirá llegar adonde quieres llegar.

Los seres humanos somos capaces de hacer muchísimas cosas, pero actuar de forma consecuente con nuestras intenciones no es algo en lo que nos especialicemos. Es hora de profundizar en qué sucede en nuestro cerebro cuando de pronto sentimos unas ganas irrefrenables de limpiar el baño solo para evitar hacer lo que tenemos que hacer. Sacudirnos la modorra para comenzar no es en sí mismo algo muy complicado, pero esconde una serie de cálculos y negociaciones en la que todos nos vemos envueltos en nuestro carácter de seres humanos.

Capítulo 1. Por qué te la pasas echado en el sillón

«La procrastinación es el asesino de las oportunidades.»
Víctor Kiam

Tú ya conoces la procrastinación. No necesita presentación. La conoces de toda la vida, desde el momento en que tuviste la oportunidad de construir un castillo de Lego en vez de hacer la tarea de matemáticas. La procrastinación ha estado siempre allí, agazapada como un demonio sobre tu hombro, animándote a elegir hacer lo que no es lo mejor para ti. Es como tu sombra, no puedes quitártela de encima, está siempre contigo y hasta te olidas de que la tienes. Pero, a diferencia de tu sombra, ¡está decidida a arruinar tu vida!

Ahora estás atascado y tienes problemas porque comienza a controlarte, como esas relaciones que empiezan siendo divertidas y emocionantes, pero que gradualmente se transforman en algo que ya no nos hace felices. Sabes exactamente de los que estoy hablando. Entonces, te propones romper con ella para volver a encarrilar tu vida, pero no sabes cómo.

La respuesta para recuperar el control y quitárselo a la dominación desmoralizadora de la procrastinación comienza en comprender con qué estás lidiando y cómo ella te engaña continuamente para que le entregues las riendas una y otra vez.

El término «procrastinación» deriva del latín *pro*, que significa «adelante» o «a favor de», y *crastinus*, que significa «mañana». Por lo tanto, su traducción literal sería «el avance de algo hacia el mañana» o «el privilegio del mañana como el momento ideal». La acción nunca es para hoy, sino que siempre es algo de lo que ocuparse más tarde.

A los fines de este libro, procrastinación es el acto o hábito de posponer algo para el futuro. Implica retrasar lo que se debe hacer hasta el último momento posible, incluso para terminar no haciéndolo. Implica una buena dosis de autosabotaje e ignorancia acerca de las consecuencias futuras. Causa estrés y ansiedad, a menudo a causa de una búsqueda de gratificación a corto plazo. La procrastinación es la responsable de un sinnúmero de oportunidades perdidas.

Sin embargo, es un error suponer que la procrastinación se debe al aburrimiento o la incomodidad. Ellos son parte del problema, pero muchos otros elementos entran en juego en nuestra falta de acción. Abordar solo la falta de motivación o interés en algo como causa, es abordar superficialmente la procrastinación.

Por ejemplo, la sola idea de tener que escribir un artículo de investigación de 20.000 palabras sin duda te provocará aburrimiento, y podrías retrasar la tarea tanto como te fuera posible. Ver una película suena mucho más divertido, estimulante y cómodo.

Finalmente, habrás pospuesto la redacción del artículo hasta un día antes de la fecha límite, lo que evidentemente no ha sido una decisión inteligente, teniendo en cuenta todo el trabajo que implica. Ahora te sientes culpable y avergonzado por haberte dejado estar, pero sigues sin sentarte frente a tu computadora para comenzar a escribir. No cumples con la fecha límite y pierdes tu trabajo.

Supón que el artículo de 20.000 palabras que debes escribir trata sobre un tema que te resulta estimulante, entretenido y accesible, ¿crees que podrías levantarte cada mañana con entusiasmo para escribir? Quizás sí, pero sigue siendo un trabajo que preferirías sustituir por diversión. Además, piensa en todas las cosas que a diario evitas a pesar de que son relativamente divertidas. Son demasiado para nombrarlas. Esto significa que es algo más profundo lo que te mantiene hundido en el sillón, física o simbólicamente. De hecho, los investigadores han establecido la existencia de un ciclo que constituye la primera de las razones que trataremos en este capítulo por las cuales te la pasas echado en el sillón.

El ciclo de la procrastinación

De alguna manera, que exista un ciclo es un alivio pues significa que para vencer la procrastinación no hay que llegar a lo más profundo de uno mismo ni confiar en el coraje personal para hacer el trabajo (aunque a veces esa parte no se pueda evitar). En realidad, se trata de comprender el ciclo de la pereza e interrumpirlo antes de vernos absorbidos por ella.

Es como aprender a usar una determinada ecuación matemática para resolver un problema, en lugar de intentar resolverlo de manera diferente una y otra vez. Cuando sepas lo que estás buscando, será mucho más efectivo. En términos prácticos, esto significa que hacer lo que tienes que hacer finalmente te resultará mucho menos complicado.

El ciclo consta de cinco fases principales que explican por qué tendemos a permanecer echados en el sillón aun sabiendo que no deberíamos hacerlo. Explica, además, cómo nos autojustificamos por pasárnoslo echados en el sillón y cómo hallamos el argumento para convencernos de volver a hacerlo una y otra vez.

Para ver cuán simplista resultaría atribuir la procrastinación a la pereza o el aburrimiento, veamos un ejemplo sobre lavar un coche:

1. **Suposiciones inútiles o reglas inventadas:** «La vida es corta. ¡Debería disfrutarla y no gastar mi precioso tiempo lavando el coche! Puedo llevarlo a lavar, que para algo existen los lavacoches».

2. **Malestar creciente:** «Prefiero no lavar el coche. Es aburrido. Mi pareja me pidió que lo hiciera, pero lo puedo hacer después».

3. **Excusas de la procrastinación para disminuir el malestar psicológico:** «Es perfectamente razonable que no quiera lavar el coche. ¡Hace mucho calor afuera! Mi pareja no me lo dijo en serio cuando me lo pidió».

4. **Actividades de evitación para disminuir el malestar psicológico:** «En vez del coche, limpiaré el baño. ¡Es igual de útil! Y organizaré mi escritorio. Hay mucho para hacer hoy y lo estoy haciendo bastante bien, teniendo en cuenta las circunstancias».

5. **Consecuencias positivas y negativas:** «Vaya, ahora me siento mejor conmigo mismo. Ya está todo limpio. Oh, pero aun debo lavar el coche. Y mi pareja parece más enojada que antes...».

Todo un círculo completo: el automóvil no ha sido lavado y tus suposiciones siguen siendo las mismas, incluso más fortalecidas, pero esta vez existen aún más problemas y molestias que quisieras poder evitar. Y así sigue. Una vez que estás dentro del ciclo, es difícil superar la creciente inercia que te impide realizar la tarea.

Echemos un vistazo a cada una de las fases individualmente. Empezaremos desde el principio, donde no puedes iniciar una tarea o completar una tarea que ya está en curso. Tú sabes que debes hacerla y que hacerla sería lo mejor para ti. Sin embargo, ya tomaste la decisión en contra de tu autodisciplina. ¿Qué pasa por tu mente?

Suposiciones inútiles o reglas inventadas

Si sientes que no quieres comenzar o seguir adelante con algo, no es por simple pereza ni porque no tengas ganas en ese momento. Se debe a las creencias y suposiciones que subyacen en esos sentimientos. ¿Cuáles son algunos de esos supuestos inútiles o reglas inventadas?

«Mi vida debería consistir en buscar placer y divertirme. Debo evitar cualquier cosa que entre en conflicto con ese principio». Todos caemos en esto en algún momento. La búsqueda del placer se activa cuando sientes que la vida es demasiado corta para dejar pasar algo divertido, interesante o placentero en favor de cosas que pueden parecer aburridas o difíciles. ¡La prioridad es divertirse! Incluso llegamos a suponer que el placer a corto plazo es más importante que una recompensa a largo plazo. Cuando dices: «No tengo ganas de hacerlo en este momento», en realidad estás diciendo: «Quiero hacer algo más placentero que eso en este momento».

«Necesito X, Y o Z para hacerlo; si esos elementos no están, tengo la excusa para no hacerlo». En ocasiones, simplemente no podemos reunir la energía suficiente como para hacer algo. Es posible que nos sintamos cansados, estresados, deprimidos o faltos de motivación, y utilicemos eso como la «razón» para no hacer las cosas. Necesitamos estar «listos». Necesitamos X, Y y Z para comenzar. Tenemos que estar de humor. Todos estos supuestos requisitos fueron inventados por nosotros, pero ninguno de ellos refleja la realidad.

«Probablemente no lo haga bien, así que no lo haré». Podemos caer en la suposición de que debemos hacer las cosas perfectamente en todo momento, de lo contrario sentiremos que hemos fallado. Este constituye un miedo al fracaso y al rechazo, e implica falta de confianza en uno mismo. No queremos que los demás piensen mal de nosotros. ¿Y cómo asegurarnos de que ello no suceda? Pues, no hacemos nada. No empezamos ni terminamos nada. No será posible fallar ni desilusionar a nadie si no propiciamos la excusa para que nos juzguen.

Si sientes que tienes que hacer algo que va en contra de tus creencias, solo lo harás cuando te resulte absolutamente necesario. Esta es una realidad del comportamiento humano, al igual que el hecho de que estas creencias suelen ser inconscientes. Entonces, ¿qué pasa cuando te piden hacer las tareas del hogar pero posees las dos primeras creencias de «la diversión es lo primero» y «necesito las condiciones perfectas»? Primero te divertirás, luego esperarás que se den todas las condiciones previas, y las tareas del hogar quedarán sin hacer. El resto del ciclo es lo que las mantendrá inconclusas.

<u>Malestar creciente</u>

Cuando procrastinas, no eres totalmente inconsciente de lo que deberías hacer, y eso genera tensión e incomodidad. Saber que no estás comportándote del modo correcto no produce buenas sensaciones.

Sentirás muchas y variadas emociones, todas incómodas: ira, aburrimiento, frustración, agotamiento, resentimiento, ansiedad, vergüenza, miedo o desesperación. El resultado final es un estado de agitación que nos gustaría no estar atravesando. Algo tiene que cambiar. Piénsalo de esta manera: tu cerebro no quiere que permanezcas en un estado de malestar psicológico, es como estar parado en la proa de un barco que se hunde, por lo que actúa de la única manera que sabe hacerlo durante las siguientes dos fases.

Inventado excusas

Las excusas son la primera forma que aparece cuando se está eludiendo una responsabilidad. Sabes que debes hacer algo, pero no quieres. ¿Significa que eres perezoso o que estás cansado? Por supuesto que no.

Admitir las excusas te causarían aún más incomodidad y tensión de lo que ya sientes, así que inventas más excusas para seguir justificándote o incluso victimizándote. Vaya pensamiento reconfortante. ¿Qué dirías para que tu falta de acción se viera aceptable?

«No quiero perderme la fiesta de esta noche. Lo haré mañana».

«Estoy demasiado cansado ahora. Lo haré más tarde».

«Lo haré mejor cuando esté de humor».

«No tengo todo lo que necesito para hacerlo. No puedo empezar ahora».

«Lo haré apenas termine de hacer esto otro».

Pues, si le dijeras cualquiera de estas cosas otra persona, ella te respondería, arqueando una ceja: «¿Lo dices en serio?».

El problema es que estas excusas te las dices a ti mismo. Y probablemente las hayas usado tantas veces que el límite entre tus excusas y la realidad se ha desdibujado. Eres incapaz de discernir la verdad y, sin saberlo, comienzas a despojarte de su poder.

Y mientras está ocupado convenciéndote a ti mismo de que estas excusas son reales y legítimas, está pasando dócilmente a la siguiente fase del ciclo: las actividades de evitación.

Actividades de evitación

Las actividades de evitación son la acción última para aliviar tu malestar y hacerte sentir que no eres un holgazán. El diálogo interno es algo así como: «Tengo suficientes razones para no lavar el coche, entonces ¿por qué todavía me siento mal conmigo mismo? Debería hacer algo...». Las excusas por sí solas pueden no ser suficientes, por lo que tiendes a pensar que deberías hacer algo para disminuir la incomodidad y la tensión. Entonces haces algo... aunque nunca es lo que deberías estar haciendo.

Por lo general, hay dos tipos de actividades de evitación. Primero, hay actividades que simplemente te distraen de la incomodidad de elegir no ejercitar tu autodisciplina, o violar una creencia o suposición. Quitarlo de la vista, quitarlo de la mente, y destruir la incomodidad yendo a buscar un helado o a ver una nueva película de superhéroes. Esta constituye una distracción al punto de la negación.

En segundo lugar, hay actividades que te hacen sentir productivo de alguna otra manera, aunque no sea gracias a la tarea que estás postergando. Por ejemplo, nunca tendrás un baño más limpio que cuando trabajas desde casa y pospones una tarea. Eliges hacer algo «más fácil» o de menor prioridad. Estas actividades de evasión te permiten decir: «¡Bueno, al menos hice algo y no fui totalmente improductivo!». Un término apropiado para estas actividades es el de «procrastinación productiva».

Estas actividades te ayudan a sentirte mejor contigo mismo a corto plazo, pero no te acercan más a donde deberías estar y hacen que el ciclo sea más difícil de romper.

<u>Consecuencias positivas y negativas</u>

Evitar es un arte. Pero cuando evitas responsabilidades, siempre hay consecuencias. Algo se está escapando por las grietas. Las consecuencias negativas son más obvias: mayor malestar, culpa, ansiedad y vergüenza. Sabes que no estás logrando ni tomando medidas para lograr tu objetivo, y esto te hace sentir peor.

Otra consecuencia negativa es terminar asumiendo mayores exigencias. Tu trabajo puede acumularse, haciendo que a la tarea original se le sume el trabajo extra. Y dependiendo de la naturaleza de la tarea, la evitación puede conducir a una consecuencia de castigo o pérdida. Ese castigo o pérdida puede tomar la forma de una sanción laboral, una oportunidad perdida o el incumplimiento de una meta. Los quehaceres quedan sin hacerse y tu césped se sale de control hasta convertirse en una selva en la que comienzan a habitar alimañas feroces.

Existen otras consecuencias negativas asociadas a este ciclo, en el que tus suposiciones, o creencias inútiles o incorrectas permanecen sin respuesta, te vuelves demasiado eficaz para hallar excusas y tu tolerancia al malestar psicológico se reduce aún más. Todo esto perpetúa y agrava el ciclo.

Toda consecuencia positiva es ilusoria. Si te sientes mejor es porque estás apegado a tus suposiciones inútiles y porque probablemente disfrutes un poco de tus actividades de procrastinación. Pueden ser consideradas positivas por hacerte sentir bien en el momento, pero en el mejor de los casos son temporales. Es como pretender evitar que un camión te arrolle solo por cerrar los ojos antes sus faros brillantes.

Solo te está preparando para un fracaso a largo plazo. Eso es autosabotaje.

Ambos tipos de consecuencias contribuyen a estimular el ciclo. Las consecuencias negativas hacen que quieras seguir evitando ciertas tareas, mientras que las consecuencias positivas inyectan suficiente placer a corto plazo como para disfrazar lo que realmente está sucediendo. Ambas te llevan de regreso al problema inicial de pasar el tiempo echado sobre el sillón.

Ya puedes ver claramente cómo esto puede convertirse en un círculo vicioso. Cuanto más te apegues a una o más de tus suposiciones inútiles, mayor será tu malestar. A medida que la incomodidad aumenta, comienzas a inventar excusas para evitarla. Cuanto más evites, más querrás evitarla debido a sus consecuencias negativas y positivas. Y vuelta a comenzar desde el principio, con otras suposiciones inútiles y cada vez más reforzadas.

¿Cómo pueden comprobarse estas fases en una situación de la vida cotidiana? Repasemos algunos eventos familiares que se han sucedido sin que te des cuenta durante años. ¿Siempre has querido abrir una heladería? Tus amigos y familiares saben que te encantan los helados y que siempre estás hablando de este sueño tuyo, pero nunca te has atrevido a comenzar tu propio negocio. Quizás haya un ciclo de procrastinación que contribuya a la ausencia de tu heladería.

¿Cuáles son las suposiciones inútiles que te repites ti mismo? Una suposición importante podría ser qué podría suceder. Supones que en caso de dejar tu trabajo y apostar por tu heladería estarás en la pobreza el resto de tu vida. Supones que ser propietario de un negocio será un trabajo sin pausa. Supones que perderás muchísimo dinero. Incluso te atreves a suponer que no eres lo suficientemente inteligente como para lograrlo.

Estas suposiciones te hacen sentir incómodo y ansioso ante la posibilidad de un cambio tan grande. Puede haber algo de miedo ante la idea de dejar tu trabajo para empezar a trabajar por cuenta propia. Es posible que te abrumen todas las cosas que se necesitan para iniciar tu propio negocio.

Cuando te sientes así de incómodo, es fácil encontrar excusas para no seguir adelante. No puedes abrir una heladería porque no tienes los conocimientos técnicos. Quizás tu excusa sea que no sabes con certeza si tu tienda será un éxito. O quizás sientas que no tienes tiempo para abrir un negocio.

Entonces, como resultado de estas excusas, pasas a actividades de evitación para sentirte mejor. En lugar de ir al banco para averiguar sobre préstamos comerciales, miras el partido de fútbol en la televisión. Te distraes. O te reúnes con amigos para hablar sobre tu idea, en lugar de tomar medidas para ir tras tu sueño. De alguna manera te sientes productivo, pero sin avanzar.

¿Y las consecuencias de estas tácticas de evitación? Una consecuencia negativa puede ser perder la oportunidad de encontrar la ubicación perfecta para tu heladería por no haber avanzado con el plan. Una consecuencia positiva podría ser disfrutar pasar el tiempo con tus amigos hablando de tu idea, lo que te llevará a hacer esto cada vez con más frecuencia en lugar de iniciar tu negocio. Una vez más, las consecuencias negativas crean pesimismo, mientras que las consecuencias positivas crean autosabotaje.

Y aquí estamos, otra vez, al comienzo del ciclo, echados en el sillón. Obviamente, la conciencia es parte importante de la solución. Si logras comprender con honestidad que estás siendo parte de este ciclo, puedes ganar conciencia de ti mismo y ponerle fin.

En relación a los cinco pasos del ciclo, no necesariamente puedes controlar el segundo (aumento de la incomodidad) o el quinto (consecuencias). En cambio, los otros pasos (suposiciones, excusas y acciones) son aquellos en los que flaqueas y, por lo tanto, sí puedes controlar.

¿En qué se basan tus suposiciones?

- ¿Son legítimas?
- ¿Son realistas o inverosímiles?

- ¿Son acaso tus ansiedades y miedos afianzándose?
- ¿Estás soslayando los aspectos positivos y amplificando los inconvenientes?

¿Qué excusas sueles poner?

- ¿Están basadas en la realidad?
- ¿Son honestas y verdaderas?
- ¿Su único propósito es evitar que actúes?
- Si tu excusa fuera cierta, ¿te excusaría de actuar de todos modos?

¿En qué acciones tiendes a participar?

- ¿Realmente quieres participar en ellas o están destinadas a hacerte sentir mejor contigo mismo?
- ¿Hay algo más difícil que debas hacer en su lugar?
- En un mundo ideal, ¿qué estarías haciendo ahora mismo?

Desafortunadamente, la autoconciencia no es un punto fuerte en los seres humanos, pero tratar de reconocer y reforzar estos puntos de entrada en el ciclo de la procrastinación puede ayudarte a tener éxito.

El cerebro reptiliano

Desde las civilizaciones antiguas, nuestros antepasados han luchado con el dilema de elegir hacer lo que debían hacer en lugar de distraerse haciendo otras actividades, generalmente más placenteras. Podemos imaginar a nuestros antepasados menos laboriosos teniendo días en los que decidían tumbarse bajo la sombra de un árbol en vez de ir a buscar sus lanzas para cazar o sus cestas para recolectar frutos. Hesíodo, un poeta griego que vivió alrededor del 800 a.C., advirtió: «Nunca dejes algo para hacerlo mañana o pasado mañana». El cónsul romano Cicerón fue uno de los primeros en rechazar la procrastinación, calificándola como un acto «odioso» en la resolución de problemas.

Claramente, se trata de algo más antiguo de lo que podríamos suponer. La procrastinación ha existido desde tiempos inmemoriales. ¿Ha estado programada en nuestros cerebros desde el principio?

Los neurobiólogos han encontrado evidencia de que sí: el funcionamiento fundamental de nuestro cerebro presenta una fórmula para la procrastinación. La procrastinación es causada porque es «preferida».

Recuerda que la procrastinación es el acto de postergar intencionalmente una tarea importante a sabiendas de que ello supondrá consecuencias negativas. No tenemos ningún problema en reconocer la probabilidad de que postergar las cosas resulte perjudicial para nosotros. Nuestra lógica humana sabe que procrastinar es malo, pero nuestros impulsos humanos son a menudo más fuertes y tan automáticos que la fuerza de voluntad o la conciencia por sí solas no pueden salvarnos de complacerlos.

La procrastinación es una falla en la autorregulación. Pero, ¿por qué no logramos regularnos? ¿Acaso la autorregulación no mejora nuestras posibilidades de supervivencia? Claro que sí, pero esa es una concepción moderna, pues en el pasado, nuestra supervivencia provenía más de una dicotomía entre buscar el placer y evitar el dolor, ambos elementos que la procrastinación brinda fácilmente. Estos dos factores nos gobiernan más de lo que quisiéramos aceptar.

Imagina que el cerebro tiene dos partes principales: una parte interna y otra externa. La parte interna es la que algunos científicos denominan «cerebro reptiliano», responsable de nuestros instintos de supervivencia más básicos. Esta región está completamente desarrollada desde el nacimiento y controla nuestros impulsos más primitivos (como el hambre, la sed y el impulso sexual), así como nuestro estado de ánimo y nuestras emociones (como el miedo, la ira y el placer). Esta es una de las partes más dominantes de nuestro cerebro, ya que sus procesos tienden a ser automáticos, sin mencionar el mantenernos con vida. Esta parte se llama sistema límbico y, literalmente, nos mantiene vivos porque no tenemos que pensar en respirar ni en sentir hambre.

La parte exterior, que encierra al sistema límbico y está situada justo detrás de nuestra frente, se llama corteza prefrontal. Mientras que al sistema límbico se lo conoce como «cerebro reptiliano», los neurobiólogos han identificado la corteza prefrontal como la parte que distingue a los humanos de animales inferiores. La corteza prefrontal está a cargo de nuestras funciones humanas racionales, como asimilar información, planificar, tomar decisiones y otras habilidades de pensamiento de orden superior.

Entonces, mientras que el sistema límbico nos permite experimentar instintos y emociones automáticamente, la corteza prefrontal requiere que hagamos un esfuerzo consciente y deliberado para poder pensar, planificar, decidir y, en última instancia, completar una tarea. La corteza prefrontal trabaja mucho, mucho más lentamente, y generalmente somos conscientes de estos pensamientos.

A estas alturas, es posible imaginar a estas dos partes del cerebro en continua batalla, una batalla que se torna más intensa cuando te enfrentas a algo que preferirías no hacer pero que tienes que hacer. En casos como estos, tu sistema límbico grita: «¡No lo hagas! ¡Échate a ver televisión!», mientras que tu corteza prefrontal intenta razonar contigo: «Oye, sé sensato. Ponte a hacer lo que tienes que hacer».

Es algo parecido a lo que el conocido psicólogo Sigmund Freud describió como una batalla constante entre el ello (id) instintivo impulsado por el placer y el ego racional basado en la realidad. Mientras que al ello solo le importa que satisfagas tus impulsos de inmediato, el ego tiene que considerar toda la situación y las posibles consecuencias de prestar atención a los caprichos del id.

Por lo tanto, lo que los expertos señalan como la base de la procrastinación (la incapacidad para manejar los impulsos) se relaciona con la incapacidad de nuestra corteza prefrontal para vencer las demandas quejumbrosas y espontáneas de nuestro sistema límbico. En el momento en que nuestra corteza prefrontal renuncia, perdemos el enfoque en una determinada tarea y nuestro sistema límbico se apresura a tomar las riendas (no olvides que es automático), llevándonos a hacer algo más placentero.

Una vez que accedemos a participar de esa actividad alternativa, una sustancia química conocida como dopamina inunda nuestros cerebros y produce la oleada de placer que sentimos. La dopamina es adictiva y por ello nos atraen las actividades que estimulan su liberación, así como aquellas actividades que percibimos como probables productoras de dopamina. En otras palabras, lo que nos lleva a posponer las cosas no es solo el placer real de esas actividades, sino, lo que es más importante, el placer que esperamos sentir al elegir esas actividades en lugar de otras.

Esta es la explicación científica detrás de la procrastinación: anticipamos que nos vamos a sentir mejor haciendo otra cosa, así que seguimos adelante y lo hacemos. Nuestra expectativa de sentirnos bien si posponemos una tarea es lo que nos impulsa a posponerla y a dedicarnos a una actividad diferente. Esta anticipación del placer es el equivalente mental de babear ante la imagen de una comida deliciosa: abre nuestro apetito por morder la fruta brillante pero envenenada que es la procrastinación. Adiós, tarea; hola, sillón y televisión.

Si eres algo tímido en el trabajo, no creas que es porque eres un vago sin esperanza. Tu sistema límbico podría estar jugándote una trampa o tu corteza prefrontal podría necesitar algo de práctica para tomar el control de la situación. O quizás un poco de ambos.

Tu corteza prefrontal es como un músculo que se puede entrenar y ejercitar para vencer la procrastinación. Puedes enseñarle a ejecutar estrategias que aumentarán tu fuerza de voluntad, y te ayudarán a comenzar y a mantenerte en la tarea, evitar las tentaciones y acertar en tus objetivos.

Una gran parte del cerebro reptiliano también pertenece a la impulsividad, lo que merece un capítulo aparte.

Dominado por impulsos

Impulsividad significa actuar de manera inmediata, por impulso, sea este un pensamiento pasajero, una emoción repentina o un deseo instantáneo. Piensa en tus hábitos comunes de procrastinación. Cuando estás aburrido con una tarea, puede que se te ocurra comer algo primero y luego relajarte viendo un episodio de tu comedia favorita. Al instante habrás abandonado por completo tu trabajo y te habrás echado en el sillón frente al televisor.

La procrastinación puede manifestarse de muchas formas, pero todas tienen algo en común: surgen de un deseo de hacer lo que se siente bien. Se puede resistir la comezón, pero no siempre ni para siempre.

Recuerda que hay una batalla constante librándose entre el fuerte deseo de tu sistema límbico de buscar placer y evitar el dolor, y la planificación racional y la toma de decisiones de tu corteza prefrontal. Mientras que las tareas de la corteza prefrontal requieren un esfuerzo consciente para llevarlas a cabo, los impulsos del sistema límbico son primitivos y automáticos. A menos que tu corteza prefrontal haya sido bien entrenada durante años y haya ascendido a cinturón negro controlando el sistema límbico, es probable que pierda la lucha contra los impulsos más convincentes de este último.

La impulsividad se caracteriza por cuatro elementos generales, tal como detallan los investigadores del comportamiento Martial Van der Linden y Mathieu d'Acremont en un estudio de 2005 publicado en The Journal of Nervous and Mental Disease.

Primero, la impulsividad implica **urgencia**. Sientes que debes apresurarte para hacer algo bien en este mismo momento. Por ejemplo, puedes sentir la necesidad de correr a revisar tus perfiles en las redes sociales ahora mismo, y retrasarlo solo te produciría más ansiedad.

En segundo lugar, está la **falta de premeditación**. Actúas sin pensar ni planificar tus acciones, con relativa indiferencia hacia cómo esas acciones podrían afectarte en el futuro. Por ejemplo, aunque acabas de tomarte un descanso, aceptas la invitación de un colega a tomar otro descanso porque sientes que la tarea que estás haciendo es demasiado monótona. No piensas en cómo un recreo tan extenso podría afectar el progreso, la puntualidad y la calidad de tu trabajo.

En tercer lugar, hay una **falta de perseverancia**. Pierdes la motivación fácilmente y eres propenso a renunciar a tareas que requieren un esfuerzo prolongado. Por ejemplo, en lugar de quedarte en tu escritorio el tiempo necesario para terminar el informe que debes entregar antes del almuerzo, te cansas a la mitad del proceso y pasas el resto de la mañana charlando con tus compañeros de trabajo.

En cuarto lugar, la impulsividad se caracteriza por la **búsqueda de sensaciones**. Anhelas esa sensación de bienestar que proviene de participar en actividades que te parecen agradables o emocionantes. Por ejemplo, no puedes quedarte quieto ni soportar la monotonía de escribir datos en una computadora porque estás ansioso por conectarte a internet y experimentar la emoción de jugar una partida de World of Warcraft.

Ahora, pon juntas las cuatro características: urgencia, falta de premeditación, falta de perseverancia y búsqueda de sensaciones, y el resultado es una persona que rápidamente se sale de rumbo, deja de trabajar en la tarea prevista a cambio de seguir su impulso o deseo del momento. Cuanto más fuertes sean estas cuatro tendencias en ti, más probable será que dejes de lado lo que debes hacer para hacer lo que te hace sentir bien en ese momento.

No importa que durante semanas hayas planeado hacer una determinada tarea. Lo único que importa, en ese preciso instante, es que puedas hacer lo que te apetezca hacer. Tu nuevo impulso te parece tan urgente como la tarea que vienes previendo hacer desde hace semanas.

La impulsividad es una característica central de varios trastornos mentales, como el trastorno por déficit de atención e hiperactividad (TDAH) y el abuso de drogas. Las personas con TDAH pueden ejecutar acciones o tomar decisiones apresuradas sin pensar en sus posibles consecuencias. Por ejemplo, pueden estar de acuerdo en hacer un trabajo sin tener suficiente información al respecto, usar los bienes de otras personas sin pedir permiso o entrometerse en las conversaciones de los demás. Hacen estas cosas no porque quieran hacer el ridículo o tengan la intención de ser groseros, sino porque carecen de la capacidad para evitar actuar según sus impulsos inmediatos.

Si crees que tienes tendencia a ser impulsivo, existen algunas técnicas a las que puedes acudir para detener esa inclinación. Una de ellas es el método HALT, término que significa «hacer un alto» en inglés y que es a la vez un acrónimo formado por las palabras «hambre», «enojo», «soledad» y «cansancio». HALT es una estrategia muy popular, originalmente aplicada en los programas de recuperación de adicciones.

Antes de actuar o tomar una decisión, primero sé consciente de cualquier sensación de hambre, enojo, soledad o cansancio que puedas tener. En caso de sentir alguna de ellas, será más probable que tomes decisiones precipitadas y equivocadas, y que actúes según tus impulsos, lo que en definitiva puede causarte problemas. Por lo tanto, antes de arrojarte piensa en si los factores HALT están debilitándote o influyendo en tu toma de decisiones.

Supongamos que acabas de salir de una reunión y estás enojado con un colega por haberte señalado como único responsable de un error en un proyecto en el que ambos colaboraron. Vuelves a tu escritorio e intentas terminar con otro informe que debes entregar en una hora, pero sientes la necesidad de abandonarlo por completo. Antes de hacerlo, verifica si tu impulso de posponerlo podría estar siendo provocado por el enojo. Al comprender esa relación, puedes reflexionar acerca de que retrasar el informe solo perjudicaría aún más tu desempeño como empleado, lo cual, dados los eventos recientes, no puede permitirte. Entonces, antes de emprender acciones precipitadas, reconoce que la ira que te empuja a posponer las cosas no es la mejor consejera en este momento. Lo mejor será calmarte y cambiar la perspectiva de la situación para recuperar el control de ti mismo y no ceder a la postergación.

Otra estrategia para ayudarte a ser menos impulsivo es recordar los beneficios de retrasar la gratificación y realizar un análisis de costo-beneficio de la espera. Recuerda que primero debes eliminar los factores HALT para no ver comprometida tu capacidad para considerar los beneficios de esperar. A nadie le gusta esperar cuando tiene hambre, está enojado, se siente solo o está cansado. Una vez que hayas establecido que estás libre de HALT, considera cómo esperar en el presente puede beneficiarte en el futuro.

Por ejemplo, imagina que no te decides si ponerte a elaborar el informe que te pidieron en la oficina o correr a ver una película con tus amigos. Si bien la idea de relajarte frente a la pantalla grande junto a tus divertidos amigos resulta sin dudas tentadora, no olvides recordar los beneficios de resistir la tentación y ceñirte a tu tarea.

Si te quedas, evitarás meterse en problemas en el trabajo, podrás tachar una tarea importante de tu lista de pendientes y podrás disfrutar plenamente de la película más tarde, en lugar de tener que verla pensando en los problemas que podrías tener más tarde con tu jefe. Sin duda, retrasar la gratificación parece ser la mejor opción.

Las 9 escalas de la procrastinación

Hemos analizado cómo el ciclo de la procrastinación y el cerebro reptiliano afectan tu trabajo; estamos, pues, en condiciones de hablar sobre algunos rasgos específicos que deben abordarse y reforzarse.

Al notar la conexión entre la procrastinación y los procesos principales de la corteza prefrontal, la investigadora Laura Rabin del Brooklyn College profundizó en el análisis de esta relación.

El estudio de Rabin evaluó una muestra de 212 estudiantes, y las nueve subescalas clínicas del funcionamiento ejecutivo de la corteza prefrontal: (1) inhibición, (2) autocontrol, (3) planificación y organización, (4) cambio de actividad, (5) inicio de la tarea, (6) seguimiento de la tarea, (7) control emocional, (8) memoria de trabajo y (9) orden general.

Los investigadores esperaban que las primeras cuatro subescalas estuvieran relacionadas con la procrastinación, pero los resultados superaron sus expectativas: se descubrió que las nueve subescalas estaban significativamente asociadas a la procrastinación, y así lo informaron Rabin y sus colegas en 2011 en la revista Journal of Clinical and Experimental Neuropsychology.

Consideremos cómo cada una de estas nueve funciones ejecutivas se relaciona con la procrastinación. Quizás puedas identificarte con algunas de ellas.

Inhibición

Se refiere a tu capacidad para tener el control de ti mismo, resistir los impulsos y detener tu propio comportamiento cuando resulte conveniente. La incapacidad para realizar bien esta función conduce a la impulsividad, que por lo general se manifiesta como actuar sin pensar. Si eres propenso a actuar sin considerar las consecuencias de tus acciones, es posible que tenga problemas de inhibición.

La falta de inhibición es un factor clave en la procrastinación. Si no puedes controlarte como para resistir el impulso de realizar una actividad más fácil y placentera, entonces siempre estarás eligiendo hacer prácticamente cualquier otra cosa que no sea aquella que se supone que debes hacer. Siempre cederás a la tentación de hacer algo más agradable en lugar de tomarte la molestia de ceñirse a tu lista de tareas pendientes.

Supongamos que tienes la intención de pasar tu primera hora en la oficina investigando ideas para una propuesta comercial. Sin embargo, resulta que cuando te sientas a trabajar, tu teléfono no para de emitir sonidos con notificaciones sobre la actividad en tus redes sociales. Al carecer de control inhibitorio, no te resistes a revisar tu teléfono e interactuar con tus contactos virtuales y, por lo tanto, terminas postergando tu tarea de investigación prevista.

Autocontrol

Se refiere a tu capacidad para monitorear tu propio comportamiento y su efecto en ti Llevado al extremo, es como poder observarse a sí mismo desde fuera y comprender por actúas de tal o cual manera.

El autocontrol deficiente resulta inevitablemente en una grave falta de autoconciencia. Esto significa que no puedes pensar en tu propio razonamiento y, por lo tanto, puedes ser gobernado por tu cerebro reptiliano sin siquiera ser consciente de ello. Al no tener conciencia de ti mismo ni la capacidad de razonar sobre tu pensamiento, es más probable que caigas preso de patrones destructivos y hábitos perjudiciales, incluida la procrastinación.

Si no te das cuenta de cómo te estás comportando, es poco probable que te des cuenta de que estás postergando las cosas. Esto es lo que sucede cuando levantas el teléfono móvil para revisar un correo electrónico y, de repente, pasas una hora entera conversando en las redes sociales.

Planificación y organización

Esta escala comprende tu facultad para gestionar las demandas de tareas presentes y futuras. El componente de planificación de esta función se refiere a tu capacidad para establecer metas y el orden correcto de pasos para realizar el trabajo. El componente de organización se refiere a la aptitud para captar las ideas principales de una carga de información determinada y poner orden en esa información. En conjunto, la planificación y la organización implican la habilidad para anticipar con precisión situaciones y demandas futuras, y tenerlas en cuenta al determinar los pasos necesarios para lograr tus objetivos.

Si no tienes la capacidad de establecer metas realistas y planes idóneos para alcanzar esas metas, no tendrás noción del trabajo ni del tiempo necesarios.

Imagina que debes completar un informe financiero para dentro de dos semanas. Al carecer de habilidades de planificación efectivas, no divides la gran tarea en etapas más pequeñas, y no determinas con especificidad las horas en las que trabajarás en ella. Te pasas los días haciendo lo que se te ocurre en el momento (como elegir la tipografía, dar formato al documento o buscar el papel para imprimir) y te relajas sin verdaderamente dedicarte al informe, hasta que te das cuenta de que debes entregarlo en dos horas.

Cambio de actividad

Refleja tu capacidad para pasar fácilmente de una actividad a otra. Cuando eres un experto en cambiar de actividad, puedes realizar transiciones sin esfuerzo y superas el cambio sin distracciones ni desvíos. Esta función también comprende la posibilidad de cambiar o alternar la atención según sea necesario, y modificar el enfoque de un aspecto de un problema a otro. Piensa en esta función como la habilidad para ser flexible en términos de comportamiento y pensamiento.

El déficit en la capacidad de cambiar de actividad se relaciona de manera directa con la procrastinación. En definitiva, ponerse a hacer algo significa cambiar de no trabajar a trabajar. Si no puedes pasar del modo descanso al modo activo, o de un modo productivo a otro, terminarás postergando las cosas simplemente porque no puedes cambiar de actividad. Te estancarás en tu estado original, ya sea haciendo nada o continuando una actividad que no deberías estar haciendo en ese momento.

Supongamos que has programado tu trabajo del día de la siguiente manera: harás jardinería de 8 a 9 y trabajarás en un manuscrito de 9 a 11. Sin embargo, llegado el momento disfrutas tanto haciendo jardinería al aire libre, que terminas pasando toda la mañana en el jardín solo porque no tuviste la capacidad de cambiar tu enfoque hacia la siguiente tarea de tu programa.

Esta forma de procrastinación puede ser difícil de detectar y abordar, ya que puede parecer que estás haciendo un buen uso de tu tiempo cuando en realidad no es así.

Inicio de la tarea

Se refiere a tu capacidad para comenzar y continuar con tus tareas o actividades. Es lo que te permite romper la inercia de la inactividad y dar el primer paso hacia la tarea que tienes delante o cualquier otra tarea. El primer paso es siempre el más difícil de dar. Iniciar tareas también involucra la facultad para generar ideas y estrategias de resolución de problemas.

Si esta función es débil en ti, te resultará muy difícil comenzar cualquier cosa, pues siempre se te aparecerá como un camino largo y sinuoso a recorrer, y no podrás ni siquiera levantar el pie para dar el primer paso. Aunque sueles establecer una hora de inicio para tus tareas, siempre que llega el momento de comenzar, encuentras una razón para reprogramarlo para más adelante. O simplemente sigues haciendo otras cosas que te resultan más gratas.

Son las 8:30 y te dices: «Empezaré a las 9». Cuando vuelves a mirar el reloj, ves que son las 9:15 y piensas: «Empezaré a las 10». Y así sigue hasta el olvido.

Seguimiento de la tarea

Se refiere a tu facultad para evaluar y realizar un seguimiento de tus proyectos, así como para identificar y corregir errores en tu trabajo. También incluye tu capacidad de juicio en relación a cuán fácil o difícil podría resultarte una tarea, y si tu manera de abordar los problemas está siendo o no eficaz. Si tu función de seguimiento de tareas se ve afectada, te resultará difícil discernir qué tareas deben realizarse primero, o incluso puedes llegar a olvidar por completo lo que tenías que hacer.

Un deficiente seguimiento de las tareas se asocia con la procrastinación. Si no tienes la capacidad de monitorear tus tareas, no podrás priorizar correctamente tus actividades, lo que te llevará a concentrarte en las cosas menos importantes. Es más, si calculas mal la dificultad de una determinada tarea, probablemente termines posponiéndola para más tarde porque supones que será más fácil de lo que realmente es. Una evaluación más realista del tiempo y del esfuerzo requeridos por una tarea es esencial para evitar la procrastinación.

Supongamos que tienes una montaña de documentos para procesar. Calculas que te llevará aproximadamente una hora terminarlos todos, y has previsto hacerlo durante la última hora en la oficina. Sin embargo, cuando llega esa hora, no te sientes con ganas para continuar, así que lo pospones para el día siguiente. Después de todo, solo tomará una hora. Con el tiempo, casi sin darte cuenta, habrás retrasado la tarea día tras día, acumulando más trabajo mientras tanto. Cuando finalmente te sientas a trabajar, notas que has subestimado el tiempo que lleva completar la tarea y lamentas haberla postergado tanto.

Control emocional

Consiste en tu capacidad para modular o regular tus respuestas emocionales. Cuando tu función de control emocional está afinada, puedes reaccionar a las diferentes situaciones e imprevistos de manera adecuada. Por lo mismo, cuando tu control emocional tiene problemas, es probable que reacciones exageradamente a pequeños problemas, sufras cambios de humor repentinos o frecuentes, te emociones fácilmente o tengas arrebatos inapropiados.

Tal incapacidad para controlar tus emociones también puede afectar negativamente tu capacidad para controlar sus pensamientos. Las emociones que se salen de control pueden cortar el hilo de razonamiento hasta en las personas más sensatas e inteligentes. Entonces, si no puedes controlar tus emociones, no puedes suponer que podrás controlar cabalmente tus pensamientos y tus acciones resultantes.

¿Recuerdas que mencionamos el sistema límbico, esa parte del cerebro que desempeña un rol importante en tus emociones, impulsos e instintos? Pues, si no tienes la capacidad de controlar tus respuestas emocionales, prácticamente le estás dando las riendas para que dirija tu conducta.

Imagínate el comportamiento de un bebé. Al no dominar aún el control emocional, solo responde a los caprichos del sistema límbico (por ejemplo, cuando tiene hambre, llora sin importarle el tiempo y el lugar).

Supongamos que estás tratando de encontrar una solución para un problema financiero en la empresa. Sin duda, el problema es importante, pero la tarea te está causando tanta angustia y fatiga mental que decides hacerla a un lado y entretenerte un rato con tu teléfono móvil. ¿El resultado? Procrastinación.

Memoria de trabajo

Es tu capacidad mental para retener información el tiempo suficiente para poder completar una tarea. Tu memoria de trabajo es lo que te permite seguir instrucciones complejas, procesar información (por ejemplo, hacer cálculos mentales) y realizar actividades que poseen múltiples pasos. Si alguna vez entraste en una habitación y olvidaste a qué ibas, pues en ese momento sufriste una laguna en tu memoria de trabajo. Los investigadores estiman que una memoria de trabajo promedio tiene una capacidad de retener alrededor de siete elementos.

Una mala memoria de trabajo redunda en procrastinación, pues te hace olvidar en qué estás trabajando y por qué. También te hace más sensible a las tentaciones y distracciones del entorno. Puedes tener dificultades para sostener la atención en tareas que contienen varios pasos, lo que te lleva a detenerte a la mitad y a posponer el trabajo.

Supongamos que tienes que revisar los registros de gastos de un proyecto y preparar un informe para la dirección de la empresa. No tuviste ningún problema para comenzar la tarea, pero luego de tras revisar un par de registros, te resulta difícil realizar un seguimiento de las conexiones existentes entre todos los documentos que has leído. Incapaz de permanecer concentrado, cambias tu atención a la charla que está teniendo lugar en el pasillo de la oficina. Un minuto después, te encuentras conversando con tus compañeros de trabajo, habiendo abandonado con éxito tu tarea del día.

Orden general

Se refiere a tu capacidad para mantener organizado y disponible todo lo requerido para avanzar con tus proyectos, así como para mantener en orden tus espacios de trabajo y así poder encontrar lo que necesites cuando lo necesites. El orden general hace eficiente la forma en que trabajas, ya que te permite dedicar menos tiempo a buscar cosas y más tiempo a trabajar realmente en la tarea.

Si tu área de trabajo o espacio vital no están bien organizados, te verás levantándote una y otra vez yendo a buscar cosas o comprar los materiales que necesitas para avanzar. La procrastinación se cruzará en tu camino cada momento del día.

Distraído por estas actividades adicionales, te sentirá tentado a retrasar lo que deberías estar haciendo y, al mismo tiempo, a participar en actividades triviales. Esto también se aplica a la organización de archivos en tu computadora. Si para encontrar un documento específico debes examinar decenas de carpetas desorganizadas, es muy probable que te distraigas y termines posponiendo la tarea central.

A modo de resumen, la procrastinación puede surgir de problemas en cada una de las nueve funciones ejecutivas de la corteza prefrontal: (1) inhibición, (2) autocontrol, (3) planificación y organización, (4) cambio de actividad, (5) inicio de la tarea, (6) seguimiento de la tarea, (7) control emocional, (8) memoria de trabajo y (9) orden general.

Algunas personas pueden tener el hábito de la procrastinación porque tienen problemas para dejar de participar en ciertas actividades (inhibición), porque les resulta difícil comenzar (inicio de la tarea), y así sucesivamente. Cualquiera que fuese el caso, al igual que en la sección anterior sobre el ciclo de la procrastinación, es imperativo comprender qué es lo que te lleva a ese punto. Solo entonces las soluciones tienen la posibilidad de éxito.

La mayoría de las veces, la procrastinación puede salirse de control fácilmente y consumir progresivamente tus posibilidades de lograr el éxito profesional y la satisfacción personal. Entonces, ¿cómo evitar que la procrastinación cause estragos en tu vida? Bueno, lo primero es lo primero: debes reconocer las señales de advertencia.

Conclusiones

- La procrastinación es muy anterior a ti y a mí. El término deriva del latín *pro*, que significa «adelante» o «a favor de», y *crastinus*, que significa «mañana». En términos prácticos, es cuando se pospone algo desagradable, generalmente en busca de algo más placentero. En este primer capítulo, exponemos las causas típicas de la procrastinación.

- El ciclo de la procrastinación consta de cinco etapas: suposiciones inútiles o reglas inventadas, malestar creciente, creación de excusas, actividades de evitación y consecuencias. Concéntrate en disipar tus falsas suposiciones, diseccionar tus excusas y comprender tus actividades de evasión.

- Es importante comprender el principio del placer en el análisis de la procrastinación. En nuestro cerebro se está librando una batalla constante. El cerebro reptiliano, impulsivo y en buena parte inconsciente, quiere placer inmediato a expensas de la corteza prefrontal, más lenta, que toma decisiones racionales. La corteza prefrontal toma decisiones de las que la procrastinación no es precisamente una fanática, mientras que el cerebro reptiliano toma decisiones que conducen a la producción de dopamina y adrenalina. Puede parecer una batalla perdida, pero la clave para luchar contra la procrastinación es poder regular nuestros impulsos, aunque no reprimirlos.

- Puede que simplemente seas una persona impulsiva. Son cuatro los rasgos que componen la impulsividad: urgencia (debo hacer esto ahora mismo), falta de premeditación (no sé cómo me afectará esto más adelante), falta de perseverancia (estoy cansado de esto, no sé qué hacer), y la búsqueda de sensaciones (¡Oh!, hacer aquello parece más tentador que esto que estoy haciendo). Cuanto más elevados sean tus niveles, más impulsivo serás y más tendencia a la procrastinación sufrirás.

- Una técnica útil para vencer la procrastinación es el método HALT, consistente en «hambre», «enojo», «soledad» y «cansancio» (según sus siglas originales en inglés). Cuando te enfrentas a la disyuntiva respecto de si perseverar o postergar, pregúntate si alguno de los factores HALT está presente. Si es así, acepta que estás predispuesto a tomar una mala decisión y trata de dominar tus pensamientos.

- Hay nueve rasgos específicos asociados con la procrastinación: (1) inhibición, (2) autocontrol, (3) planificación y organización, (4) cambio de actividad, (5) inicio de la tarea, (6) seguimiento de la tarea, (7) control emocional, (8) memoria de trabajo y (9) orden general. Un problema en cualquiera de estos nueve rasgos hará de un individuo alguien más proclive a la procrastinación. Para vencer la procrastinación, debemos realizar una de las tareas más difíciles: pensar en el propio razonamiento.

Capítulo 2. Tu perfil de procrastinador

«Tú puedes retrasarte, pero el tiempo no lo hará.»
Benjamin Franklin

Antes de intentar sacarte de encima la procrastinación, primero debes poder identificar cómo y en qué momento esta aparece en su vida, y qué la desencadena.

No todo el mundo *procrastina* de la misma manera y por las mismas razones, por lo que conocer tus inclinaciones y motivaciones personales resulta esencial para aprender cómo reaccionar ante la tentación de procrastinar.

Un médico no puede tratar eficazmente a un paciente sin saber qué lo aqueja y, de manera similar, no podemos manejar nuestro propio cerebro sin saber qué es lo que le hace ser improductivo.

Tipologías de la procrastinación

Basándose principalmente en la investigación del profesor de psicología Dr. Joseph Ferrari, Alina Vrabie identifica cinco tipos de procrastinadores: (1) el buscador de emociones, (2) el evitador, (3) el indeciso, (4) el perfeccionista y (5) el ocupado. Intenta imaginar qué caracteriza a cada tipo y cuál te sienta mejor. Puede ser una mezcla de varios tipos.

Buscador de emociones

También conocidos como «creadores de crisis», los buscadores de emociones se activan con los apuros de último momento. A medida que se acerca la fecha límite, se sienten más animados y listos para trabajar. En lugar de sentirse presionados por correr contrarreloj, los buscadores de emociones disfrutan de la sensación de trabajar cerca del fin del plazo. Su procrastinación es, por lo tanto, más intencional que accidental, ya que es probable que sean conscientes del aumento de energía que sienten a medida que llega el momento final. Si procrastinan, es porque tienen la intención de hacerlo. Son las personas que afirman trabajar mejor bajo el estrés que produce la inminencia de la fecha de entrega.

Tienen una gran confianza en su capacidad para producir resultados de calidad incluso en un tiempo limitado y ansían la adrenalina que eso les produce. Dejan deliberadamente el trabajo para último momento, con el fin de recibir esa dosis de emoción que buscan. Es parte de lo que el psicólogo Mark Zuckerman denomina «búsqueda de sensaciones», un rasgo que en algunas personas es más notorio que en otras.

Por ejemplo, a una persona se le asigna la tarea de preparar una presentación. Tiene un mes para hacerla informativa y atractiva. Sin embargo, durante las primeras semanas no siente motivación alguna para comenzar a prepararla. No es sino hasta un día antes del lanzamiento que comienza a sentir una avalancha de energía y de ideas creativas, para finalmente comenzar a armar la presentación. Esta persona es una clásica buscadora de emociones que posterga hacer las cosas cuando queda mucho tiempo y luego siente la prisa por completar la tarea unos momentos antes de la fecha límite.

Evitador

Los evitadores posponen las tareas para más adelante para evitar ser juzgados en función de sus resultados. Si bien puedes suponer que los evitadores se alejan del trabajo porque lo encuentran aburrido o agotador, en realidad, están tratando de huir de la amenaza del fracaso o, en algunos casos, incluso del éxito. Por lo general, son cohibidos y están muy preocupados por lo que las otras personas puedan pensar. Especialmente cuando se les asignan tareas de alto riesgo o responsabilidad, los evitadores se inhiben por temor a arruinarlo todo o descubrir de lo que realmente son capaces.

Ahora bien, el miedo al fracaso de los evitadores es bastante fácil de entender. El fracaso suele hacer que las personas pierdan la confianza, la credibilidad y el estatus. Pero ¿el miedo al éxito? ¿Por qué los evitadores tendrían miedo de descubrir sus verdaderas fortalezas y tener éxito en sus tareas?

El miedo al éxito tiene sus raíces en los sentimientos de culpa y responsabilidad, pues una vez que descubren su máximo potencial, es probable que se sientan culpables por todas las otras ocasiones en las que se desempeñaron por debajo de este.

También es probable que sientan una responsabilidad desmesurada por continuar desempeñándose a su máxima capacidad en el resto de sus tareas a futuro.

Todo esto conforma una enorme carga de sentimientos y pensamientos incómodos para el inconsciente, por lo que sus psiques intentan salvarlos de la incomodidad obligándolos a posponer las cosas. De esa manera, evitan la culpa y la responsabilidad de reconocer su máximo potencial.

Supongamos que a una persona evitadora le encomiendan la tarea de crear un proyecto de caridad. Tiene muchas ideas sobre cómo llevarlo a cabo, pero no desarrolla ninguna de ellas por temor a que no funcionen. Por lo tanto, en lugar de continuar con la tarea, se sumerge en otras actividades, muchas de las cuales son actividades recreativas o no tienen relación con lo que se le asignó en principio, cualquier cosa para evitar tener que trabajar en una tarea en la que teme fallar.

Indeciso

Los indecisos procrastinan porque no quieren responsabilizarse de un resultado negativo. A diferencia de los evitadores, que temen al fracaso o al éxito, los indecisos tienen temor a la culpa. Mientras que los evitadores procrastinan para evadir el juicio que sobreviene tras completar una tarea, los indecisos procrastinan para saltarse la responsabilidad de hacer la tarea en el momento presente.

Intentan posponer el tener que tomar una decisión o comenzar una tarea con la esperanza de que si se demoran lo suficiente, alguien tomará la decisión por ellos o por alguna razón la tarea podría desaparecer de su ámbito de trabajo. Si ellos logran no tomar la decisión, no se le podrá culpar de los errores de tal decisión. Si nunca se pusieron a trabajar en la tarea, entonces no se les podrá culpar si la tarea sale mal. Su miedo a la culpa supera con creces su deseo de reconocimiento, por lo que prefieren no correr el riesgo de decidir o trabajar en la tarea en cuestión.

Supongamos que un procrastinador indeciso ha sido puesto a cargo de desarrollar un programa de formación. Ya van tres veces que su supervisor le pide que presente un borrador del programa, pero aún no ha cumplido. Está retrasando la decisión final sobre los aspectos más importantes del programa porque teme que lo culpen si resulta ser un fracaso.

Perfeccionista

Los perfeccionistas retrasan las tareas por temor a hacer las cosas mal. Se han fijado estándares altos y no se conforman con un trabajo «bien hecho» ni con uno «excelente», pues quieren nada menos que la perfección absoluta. Ahora bien, podrías preguntarte que, si aspiran a la perfección, ¿por qué no trabajan con ahínco para perfeccionar su trabajo, en lugar de no hacer nada o distraerse con cosas irrelevantes?

Los perfeccionistas han establecido estándares tan elevados que la idea de estar a la altura los llena de un pavor paralizante. Mientras no toquen la tarea, esta conserva el potencial de ser perfecta. Por lo mismo, una vez que comiencen con la tarea, existirá la posibilidad real de arruinarla o provocar errores que pueden causar daños irreversibles.

No necesariamente están tan preocupados por las opiniones ajenas como los evitadores, ni tienen miedo de tomar decisiones como los indecisos, puesto que los perfeccionistas tienden a fijarse metas de calidad significativamente superiores a los evitadores e indecisos.

Para escapar de la presión de tener que cumplir con esos altos estándares, los perfeccionistas simplemente dejan las tareas sin tocar y procrastinan. Podrías tener razón al suponer que los perfeccionistas tienen temor al juicio ajeno, solo que lo disimulan.

Supongamos que a alguien se le ha asignado la tarea de actualizar el manual de procedimientos de la empresa. Aunque es completamente capaz de hacer el trabajo, se resiste a tocar el manual por temor a entregar un trabajo menos que perfecto. Después de todo, la empresa entera utilizará el manual, por lo que debe ser impecable. Temeroso de cometer errores, este procrastinador se distrae con otras actividades como ordenar su escritorio u organizar los expedientes por colores en vez de hacer su trabajo.

Ocupado

Los procrastinadores ocupados quieren hacer todo a la vez. En su intento de abarcarlo todo, no logran hacer nada. Su lista de pendientes está repleta de tareas a las que consideran de idéntica importancia. Por lo tanto, comienzan con una tarea, se sienten abrumados por la aparente urgencia de otra, saltan a ella, luego piensan en la tarea que realmente deberían estar haciendo y vuelven a saltar a una y otra vez, indefinidamente.

Los procrastinadores ocupados parecen estar en permanente movimiento pero, extrañamente, no pueden tachar una sola tarea de su lista de pendientes. La principal habilidad de la que carecen es priorizar, lo que los mantiene preocupados por demasiadas cosas en lugar de trabajar en ellas de manera sistemática. En realidad, sí están en constante movimiento, pero no necesariamente trabajando para lograr algo importante.

Pensemos en un gerente enérgico que siempre tiene una larga lista de cosas para hacer, desde el seguimiento individual del equipo, pasando por la redacción de informes, hasta la organización de seminarios de formación. Parece no parar nunca, pero por alguna razón siempre llega tarde a las reuniones y no logra entregar un informe a tiempo. Este gerente personifica al procrastinador ocupado, que siempre trabaja pero nunca termina nada.

Desencadenantes de tipología

En cada uno de los diferentes tipos de procrastinadores (buscadores de emociones, evitadores, indecisos, perfeccionistas y ocupados) tiende a haber un desencadenante distinto para procrastinar. Algunos están muy influenciados por condiciones externas y del entorno, mientras que otros se ven más afectados por factores internos mentales y emocionales.

El desencadenante para los buscadores de emociones es cualquier actividad irrelevante y lo suficientemente agradable como para permitirles retrasar la tarea hasta el último minuto. Los procrastinadores ocupados también se ven afectados por factores externos que los llevan a comenzar tantas cosas como sea posible, y no terminar ninguna. Tanto los buscadores de emociones como los ocupados se ven influenciados en gran medida por los desencadenantes basados en la acción: actividades e invitaciones en sus entornos inmediatos que engendran la procrastinación.

Por otro lado, los evitadores son impulsados por la emoción del miedo al fracaso o al éxito. Los indecisos también se activan por miedo, pero en este caso por miedo a la culpa. Los perfeccionistas se ven presionados por sus propios modelos mentales de lo que consideran un trabajo digno (mejor dicho, perfecto).

Por lo tanto, lo que lleva a los evitadores, indecisos y perfeccionistas a procrastinar son los desencadenantes mentales o emocionales que les quitan la energía y la motivación para trabajar en sus tareas previstas. Es más, una vez que están considerablemente fatigados y estresados, su fuerza de voluntad para luchar contra la procrastinación disminuye, lo que produce una espiral descendente en sus posibilidades de completar sus tareas.

Como puedes ver, existen dos desencadenantes generales para procrastinar: los basados en la acción y los mentales basados en las emociones.

Los desencadenantes basados en la acción son aquellas invitaciones contextuales y actividades físicas que apoyan la práctica continua de la procrastinación. Por ejemplo, puedes comenzar limpiando tu escritorio antes de empezar el trabajo, pero terminas organizando cada uno de los papeles, limpiando el piso con desinfectante y ordenando el resto de la oficina. Recuerda que si bien ceñirse a una tarea requiere un esfuerzo consciente, la postergación es más automática. Por lo tanto, cuando a tu alrededor hay invitaciones que te impulsan a actuar automáticamente, terminas retrasando lo que debes hacer para complacer esos desencadenantes.

Los desencadenantes basados en la acción involucran aquello que estás haciendo al comenzar a procrastinar. Por ejemplo, decides revisar tus redes sociales para tomar un descanso de tu tarea, pero lo que planeaste que fuese un recreo de cinco minutos se convierte en una pausa de dos horas. O cuando comienzas el día programando lo que piensas hacer y de pronto te ves programando el día de mañana, el resto de la semana, el mes entero, etcétera. Quizás llegues a programar lo que harás en los próximos cinco años, pero en realidad no habrás ni siquiera logrado concretar el primer punto de tu lista.

Por lo tanto, es importante que estés atento a los desencadenantes basados en la acción, detenerte cuando comiences a ejecutarlos y saber cómo tratar con ellos para volver a encaminarte. Trata de recordar tus hábitos y observa aquellos patrones de procrastinación en los que puedes caer. Ser consciente de cuándo comienzas a aburrirte o a encontrar difícil lo que estás haciendo es clave para darte cuenta de que estás procrastinando.

Por ejemplo, puedes notar que cada vez que tu interés disminuye vas directo a ver videos en YouTube. Conociendo esta tendencia, te será más fácil darte cuenta de que estás procrastinando y, por lo tanto, podrás poner en práctica algunas estrategias para no volver a caer tan fácil en la trampa.

El segundo tipo de desencadenante de la procrastinación involucra tu estado mental y tus emociones. Como ya hemos dicho, los pensamientos irracionales (como las expectativas excesivamente altas) y las emociones incómodas (como el miedo) pueden socavar tu motivación para trabajar. Añade factores desencadenantes como fatiga física, falta de sueño y ejercicio, una dieta poco saludable y sentimientos de aislamiento social, y sin duda obtendrás como resultado una menor resistencia contra la procrastinación.

Por ejemplo, digamos que eres un evitador cuyo miedo al fracaso está consumiendo gran parte de tu energía mental. Tienes que diseñar el logotipo de una empresa, pero te demoras porque no estás seguro de tu capacidad para hacer una propuesta de calidad. Te sientes agotado por evitar activamente la tarea, ya que durante la semana has estado realizando otras tareas menores que te han dejado mental y físicamente agotado. Al sentir que no estás en condiciones de hacer fluir tu creatividad, te sientes aún más obligado a posponer la tarea. Si te hubiera cuidado mejor desde el comienzo y hubieras ahorrado energía para la tarea prevista, habrías estado en mejores condiciones para sentirse motivado para concretarla.

A pesar de todo

Si bien hemos enumerado acabadamente las numerosas formas en que la procrastinación puede causar problemas en tu vida, aún puedes estar preguntándote si existirá algún valor en la procrastinación. Sin duda, la naturaleza no puede ser tan mala como para habernos dado un cerebro propenso a un hábito como la procrastinación si este carece de todo sentido.

Por otra parte, el hecho de que la procrastinación haya persistido tantos años como un hábito entre los humanos, desde las civilizaciones antiguas hasta la actualidad, hace suponer que debe existir alguna ventaja evolutiva para mantener esa práctica. Si la procrastinación ha existido durante tanto tiempo, debe haber ocasiones en las que sea conveniente buscar el placer inmediato a cambio de retrasar la gratificación, ¿verdad?

¡Muy cierto! Resulta que hay al menos cinco formas en las que la procrastinación puede ser útil en ciertos casos.

En primer lugar, hay ocasiones en las que determinadas tareas y obligaciones desaparecen por sí solas, por lo que, después de todo, no tendrás que hacerlas. Eso mantuvo al hombre prehistórico más fresco y vital. El psicólogo evolutivo Doug Lisle explica que esta idea era particularmente acertada en la antigüedad, cuando existía tanta incertidumbre sobre lo que podría suceder (las personas estaban más expuestas a muertes violentas resultado de la caza, por ejemplo) que las obligaciones y tareas fortuitas simplemente desaparecían.

Imagina un cazador que debe proporcionar comida a una familia. Si parte de ella muriera de forma repentina, procrastinar significaría salvarse de un esfuerzo innecesario.

En los tiempos modernos, existe una menor probabilidad de que las tareas y obligaciones desaparezcan porque sí. Todavía sucede, pero solemos pagar las consecuencias por procrastinar en la actualidad.

En segundo lugar, algunos tipos de procrastinación pueden impulsarte a borrar el resto de tu lista de tareas pendientes. Esto se debe a que algunas tareas pueden parecerte tan desagradables, que harías cualquier cosa con el solo fin de evitarlas, incluyendo hacer las demás tareas de la lista.

Por lo general, en tu lista de tareas suele haber cosas que realmente deseas hacer, cosas que estaría bien hacer aunque no te entusiasmen tanto y cosas que realmente no quieres hacer. Dada tal escala entre lo agradable y lo útil, seguramente harás lo que sea necesario para evitar aquellas tareas que encuentras más aborrecibles. Es una batalla entre males menores. Finalmente, habrás reconfigurado tu lista de tareas dejando solo una en la que no tienes más opción que concentrarte, pues es la única. Aquí, procrastinar te ayudó con tu problema de procrastinación.

En tercer lugar, la procrastinación puede brindarte la oportunidad de reevaluar tareas que pueden no ser necesarias o relevantes. Aplazar una tarea por un tiempo suficiente puede hacer que la mires más tarde con otros ojos y ni siquiera recuerdes por qué está en tu lista. Al reconocer que es innecesaria, la tachas de tu lista. La procrastinación te ha liberado de gastar tiempo y esfuerzo en algo innecesario.

Por ejemplo, supongamos que has escrito todas las actividades necesarias para avanzar en un plan de gestión de recursos. Has enumerado cada una de las tareas, sin ver que algunas de ellas en realidad no afectan el resultado final. Afortunadamente, al haber pospuesto hacer esas tareas, finalmente te das cuenta de que solo eran actividades accesorias.

En cuarto lugar, la procrastinación puede ser una función de tu intuición cuyo propósito es evitar que saltes a algo que podría no ser adecuado para ti. Esto se aplica especialmente cuando se trata de postergar la toma de decisiones. En tales casos, tu procrastinación suele nacer nace de la incertidumbre sobre cuál sería la mejor decisión a tomar. Tiene origen en las voces en conflicto entre tu mente racional y tu instinto, lo que te proporciona más tiempo para discernir cuál te conviene escuchar. Al retrasar el acto de elegir, primero debes pensar en los pros y los contras de cada opción, y luego desentrañar tu propia confusión. Cuando llegue el momento en que ya no tengas más remedio que decidir, estarás mejor preparado para elegir la opción correcta, pues habrás hecho tu indagación.

Por ejemplo, supón que estás tratando de decidir si permanecer en tu trabajo actual o aceptar una oferta de trabajo de otra empresa. Retrasas la decisión. Mientras tanto, estudias en profundidad ambas opciones y consideras los pros y los contras de cada una. Descubres que pronto estarás en condiciones de recibir un ascenso en tu empresa actual, lo que te ofrecería mejores condiciones de empleo que si aceptaras la oferta de la otra empresa. Entonces, en lugar de abandonar el barco, decides quedarte.

En este ejemplo, postergar una decisión resultó útil, pues proporcionó el tiempo necesario para recopilar la información suficiente antes de asumir un compromiso. Si hubieras tomado una decisión de inmediato, quizás te hubieras lanzado a algo que no era la mejor opción para ti.

En quinto y último lugar, la procrastinación puede ser tu protección inconsciente ante la amenaza del fracaso. El miedo al fracaso, según Cal Newport, puede subyacer a la compulsión de procrastinar. Newport sostiene que los seres humanos desarrollaron su capacidad para la planificación compleja mucho antes de adquirir el lenguaje verbal.

Por lo tanto, cuando estés a punto de comprometerte en una situación complicada en la que sientas que puedes fallar, es poco probable que oigas a tu mente decirte: «¡Oye! ¡Esto no va a funcionar!». En cambio, experimentarás una falta de motivación como resultado de una reacción química liberada por tu cuerpo para evitar que vayas por el camino equivocado.

Para decidir hacia dónde dirigir tus acciones, tu cerebro calcula la probabilidad de éxito frente a la posibilidad de fracaso en relación a tu esfuerzo. Cuanto mayor sea el riesgo de fracasar, más probable será que tu cerebro te empuje hacia la procrastinación, pues entiende que el fracaso no solo te decepcionará, sino que te provocará una pérdida de estatus entre tus congéneres. Para proteger tu ego y salvar tu autoestima ante tal posibilidad de fracaso y pérdida de estatus, tu cerebro te obliga a procrastinar.

Imagina que planeas desarrollar un videojuego para dispositivos móviles. Se te han ocurrido algunas ideas básicas, pero sabes que ya existen otros juegos muy similares que son más populares, y tu idea realmente no ofrece nada nuevo. Procrastinas el desarrollo del videojuego, pero no por pereza, sino porque tu mente es consciente de que la aplicación probablemente sea un fracaso. Para evitar que trabajes en algo que fallará, tu mente te priva de la motivación para comenzar.

En determinadas circunstancias, la procrastinación tiene sus beneficios. Puede evitar que realices un esfuerzo innecesario, empujarte a tachar cosas de tu lista de tareas pendientes más rápidamente, evitar que te involucres en tareas irrelevantes y alejarte de tomar decisiones precipitadas.

En conclusión, una serie de advertencias pueden indicar un inminente episodio de procrastinación. Dependiendo del tipo de procrastinador que seas (buscador de emociones, evitador, indeciso, perfeccionista u ocupado), es posible que ciertas acciones, estados mentales, emociones, o incluso el estrés o la fatiga te impulsen a procrastinar. La impulsividad es también una de las tendencias clave que pueden desviarte de lo que deberías estar haciendo y distraerte con algo que te produzca placer inmediato. Para abordar estas señales de advertencia, primero es necesario contar con el suficiente autoconocimiento como para saber en qué momento te afectan y de ese modo aplicar estrategias para vencer la procrastinación.

Conclusiones

- Este capítulo trata sobre las señales de advertencia que indican que la procrastinación es inminente. Si bien son numerosas y variadas, se pueden categorizar para que te resulte más sencillo diagnosticarlas en ti mismo. Se clasifican teniendo en cuenta la existencia de cinco tipos de procrastinadores: (1) buscador de emociones, (2) evitador, (3) indeciso, (4) perfeccionista y (5) ocupado. Cada tipo tiene sus propios desencadenantes, como excitarse ante la adrenalina y el riesgo, evitar el rechazo o sentirse abrumado. Estos desencadenantes de procrastinación a su vez se pueden agrupar en dos tipos: basados en la acción, y mentales basados en las emociones, considerando las características del entorno físico, y la falta de confianza y seguridad, respectivamente.

- Aunque la procrastinación puede causarnos muchos perjuicios, se ha demostrado que también puede resultar útil de vez en cuando. Puede hacerte más eficiente, hacer que elimines tareas irrelevantes de tu lista de asuntos pendientes y protegerte de tomar decisiones apresuradas, por ejemplo.

Capítulo 3: Mentalidad para la acción

«Cuando siembras excusas, nada cosechas.»
Proverbio

Hasta aquí, hemos visto las razones por la cuales caes en el autosabotaje y te la pasas echado en el sillón. Puede deberse a que tu cerebro reptiliano ha tomado cautiva a tu corteza prefrontal, o a que has caído en el ciclo de la procrastinación sin darte cuenta. Quizás incluso hayas podido identificar una o dos tipologías en ti mismo. Sea cual fuera el caso, es momento de encontrar soluciones reales.

En este capítulo veremos cómo construir una mentalidad antiprocrastinación, aportando enfoques que te ayudarán a enfrentar de manera productiva las situaciones con las que puedes encontrarte.

Existen al menos tres métodos para desarrollar una sólida mentalidad contra la tentación constante de la procrastinación: (1) dominar la física de la productividad, (2) eliminar la paradoja de la elección y (3) encontrar la motivación adecuada para iniciar la acción.

La física de la productividad

¿Quién hubiera pensado que la productividad y la procrastinación podrían verse a través del lente de la física, las matemáticas y las ecuaciones? El popular autor Stephen Guise logró hacerlo utilizando las tres leyes del movimiento de

Newton como una analogía para formular las tres leyes de la productividad.

Al analizar la procrastinación como si fueran conceptos y ecuaciones de la física, con sus respectivos elementos y relaciones mensurables, es posible identificar aquello que se debe hacer o evitar para aumentar la productividad y disminuir la procrastinación. Conociendo las variables que se ponen en juego al procrastinar, se las puede aislar y manipular como si se tratara de un elemento en una ecuación matemática.

Las tres leyes del movimiento fueron formuladas por el físico Isaac Newton en 1687 para explicar cómo los objetos y sistemas físicos se mueven y se ven afectados por las fuerzas que los rodean. Estamos hablando nada menos que del hombre que afirma haber comprendido el fenómeno de la gravedad tras haber sido golpeado por una manzana que cayó de un árbol. Estas leyes sientan las bases para comprender cómo se mueven las cosas, desde los componentes más pequeños de una máquina, hasta las naves espaciales y los planetas. Aplicadas al estudio de la cognición y el comportamiento humanos, estas leyes también pueden iluminar los mecanismos detrás de la procrastinación y ayudar a manipular esos mecanismos para impulsar la productividad.

Primera ley del movimiento

De acuerdo con la primera ley del movimiento de Newton, un objeto en reposo tiende a permanecer en reposo y un objeto en movimiento continúa en movimiento a menos que una fuerza externa actúe sobre él.

La forma en que esta ley se aplica a la procrastinación resulta evidente: un objeto en reposo tiende a permanecer en reposo, lo que significa que una persona en estado de reposo tiende a permanecer en reposo, a menos que algún tipo de fuerza la impulse a actuar. Por lo tanto, si te encuentras en un estado de inacción con respecto a la tarea que debes realizar, tenderás a permanecer inactivo a menos que algo te estimule a moverte. Tu tendencia a no hacer la tarea intacta es, entonces, una ley fundamental del universo.

Pero antes de que empieces a pensar que ser un procrastinador no tiene remedio, recuerda que la primera ley del movimiento de Newton también funciona al revés: un objeto en movimiento continúa en movimiento, lo que significa que una persona en un estado de acción tiende a seguir moviéndose. Por ello, si actualmente estás trabajando en una tarea, esta ley de movimiento establece que tenderás a seguir trabajando en esa tarea.

Entonces, ¿qué significa esto en el contexto de la productividad y la procrastinación? El elemento más crítico para vencer la procrastinación es hallar la manera de empezar. Encuentra una manera para ponerte en movimiento. Una vez que hagas rodar la pelota, será infinitamente más fácil seguir adelante hasta que la tarea esté terminada.

Ahora, la siguiente pregunta es, ¿cómo empezar con una tarea? El escritor James Clear sugiere seguir lo que se conoce como la regla de los dos minutos aplicada a la productividad. La regla establece que debes iniciar tu tarea en menos de dos minutos desde el momento en que comienzas a pensar en ella. Piensa en esto como un contrato personal contigo mismo. Pase lo que pase, debes comenzar en menos de dos minutos.

Por ejemplo, supón que tienes la tarea de escribir un informe. Para vencer la inercia de holgazanear toda la mañana, proponte anotar el título del proyecto y los objetivos dentro de los próximos dos minutos. No tienes que pensar en el resto todavía, solamente debes comenzar dentro de los próximos dos minutos. Esta acción te ayudará a romper la inactividad, y una vez que hayas comenzado a escribir el informe, te resultará más fácil continuar.

Otro beneficio de cumplir con esta regla es que también te verás obligado a dividir la tarea en pasos cada vez más pequeños, ya que darte un límite de dos minutos para comenzar requiere pensar en pasos más manejables que te permitan comenzar rápido y fácil.

Ten en cuenta que la regla de los dos minutos no requiere que te comprometas a terminar tu tarea, ni siquiera a continuarla de manera ordenada. No es necesario que te preocupes por el resultado, puedes reservarte la revisión y depuración para más adelante. Solo necesitas empezar, ponerte en movimiento.

Esto alivia gran parte de la presión que normalmente nos lleva a paralizarnos ante una tarea, es decir, a procrastinar. Gracias a la primera ley del movimiento de Newton, comprobarás que una vez que comiences, tenderás a continuar. En lugar de esperar la gran motivación, solo empieza y continúa de a poco. Descubrirás que tu motivación aumenta significativamente tras haber comenzado.

Segunda ley del movimiento

La segunda ley del movimiento de Newton explica cómo una determinada fuerza afecta la velocidad a la que se mueve un objeto.

Está representada por la ecuación F=ma, que establece que la suma de las fuerzas (F) que actúan sobre un objeto es el producto de la masa de ese objeto (m, que se refiere a la cantidad de materia que hay en un objeto) y su aceleración (a, que es la variación de la velocidad a la que se desplaza un objeto).

En otras palabras, la segunda ley del movimiento establece la fuerza que se necesita para acelerar un objeto de una masa particular en una determinada dirección. Y como lo ilustra la ecuación, la relación entre estas tres variables (fuerza, masa y aceleración) es proporcional. Cuanto mayor es la masa de un objeto, mayor es la fuerza necesaria para acelerarlo. Del mismo modo, cuanto más rápido se necesite que un objeto se mueva (es decir, que acelere), mayor será la fuerza que deberá aplicar.

Entonces, si se desea acelerar un objeto, digamos, una pelota, lo importante será la fuerza a ejercer sobre la pelota, así como la dirección de esa fuerza. Si se aplica fuerza para que la pelota vaya más a la izquierda que a la derecha, entonces la pelota irá a la izquierda. ¿Me sigues hasta aquí?

Aplicada a la productividad, esta ley implica que se debe prestar atención no solo a la volumen de trabajo que se está haciendo (magnitud), sino también a dónde se está aplicando ese trabajo (dirección). Si trabajas mucho pero no enfocas todo ese trabajo en una sola dirección, tenderás a lograr menos que si dirigieras la misma fuerza de trabajo en una sola dirección.

El trabajo que puedes hacer como ser humano es limitado, por lo que si deseas aprovechar tu esfuerzo al máximo, debes comenzar a ser consciente de hacia dónde diriges ese trabajo. Como enseña la ecuación $F=ma$ de Newton, hacia dónde diriges tu esfuerzo es tan importante como cuánto esfuerzo haces. Las tentaciones, las distracciones y la falta de priorización en tus tareas sirven para dispersar tu energía y esfuerzo en diferentes direcciones, por lo que evitarlas es clave para optimizar tu productividad. Mantén tu energía enfocada.

Supongamos que tienes muchas cosas que hacer antes de que termine el día: responder cinco correos electrónicos, leer y corregir un artículo extenso, y escribir una carta de recomendación. Al aplicar la segunda ley de Newton, podrás entender que la rapidez para realizar una tarea en particular depende en gran medida de tu capacidad para concentrar tu esfuerzo solo en esa tarea. Si insistes en dispersar la energía cambiando todo el tiempo de ventana en la computadora, yendo del artículo a la carta de recomendación durante toda la mañana, será menos probable que logres terminar cualquiera de ellas. Hasta podrías estar yendo y viniendo entre todo lo que tienes para hacer solo como una excusa para procrastinar.

Para remediarlo, aplica la segunda ley de Newton: ejerce tu fuerza en una sola dirección y obtén tu máxima aceleración.

Tercera ley del movimiento

Esta ley del movimiento establece que para cada acción, hay una reacción igual y opuesta. Esto es, cuando el Objeto A aplica una fuerza sobre el Objeto B, el Objeto B aplica simultáneamente una fuerza de la misma magnitud, pero en dirección opuesta, sobre el Objeto A. Por ejemplo, cuando nadamos aplicamos una fuerza para empujar el agua hacia atrás. Simultáneamente, el agua aplica una fuerza sobre nuestro cuerpo que es igual en magnitud pero en dirección opuesta, empujándonos hacia adelante.

Aplicada a la ciencia de la productividad y la procrastinación, esta ley revela la existencia de fuerzas productivas e improductivas en la vida diaria. En todas las personas se libra una batalla constante pero el punto de equilibrio para cada una es diferente. En las personas improductivas, son las fuerzas de ese tipo las que tienden a ganar la mayoría de las veces.

Las fuerzas productivas incluyen positividad, atmósfera, entorno, interacción social, concentración y motivación, mientras que las fuerzas improductivas incluyen estrés, tentación, distracción, metas poco realistas y estilos de vida poco saludables, como una mala alimentación o descanso insuficiente. La relación y el equilibrio entre estas fuerzas opuestas determinan tus niveles de productividad, así como tus patrones de procrastinación.

Este equilibrio puede determinar que seas enormemente productivo o un severo procrastinador. Por ejemplo, puede hacer que te lleve solo una hora redactar un informe cuando te sientes descansado y motivado, pero puede hacerte necesitar una semana entera para realizar la misma tarea cuando te sientes estresado o inseguro.

Hay dos formas de aumentar la productividad y evitar la procrastinación basadas en la tercera ley del movimiento de Newton. La primera es sumar más fuerzas productivas. A esto se refiere James Clear cuando sugiere hallar una manera de bombearnos más poder o energía para intentar dominar las fuerzas improductivas que nos impiden trabajar. Esta estrategia puede consistir en beber una taza de café tras otra, o consumir contenidos sobre motivación en libros o videos. Si bien esta opción podría funcionar bien, solo sería efectiva durante un breve período de tiempo, pues solo estaríamos postergando las fuerzas improductivas que seguirían intentando socavar nuestra voluntad, lo que podría resultar realmente agotador.

Como alternativa, Clear sugiere lidiar con las fuerzas improductivas directamente a través de la segunda opción, que es restar, si no eliminar totalmente, las fuerzas improductivas. Esta estrategia implica acciones como reducir la cantidad de tareas con las que te comprometes, aprender a decir que no y modificar tu entorno para simplificar tu vida.

En comparación con la primera opción, que requiere agregar más fuerzas productivas, esta segunda opción propone liberar la reserva de energía y productividad que ya tenemos dentro, eliminando las barreras que la obstruyen. Como puedes imaginar, esta última es una forma más fácil de vencer la procrastinación.

Por ejemplo, supongamos que debes realizar un informe de evaluación de fin de año. Eres el tipo de trabajador que necesita tranquilidad para pensar y trabajar de forma eficaz, pero tu espacio en la oficina está entre dos colegas conversadores. En lugar de optar por hacer la tarea a pesar del ambiente ruidoso y distractor en el que te encuentras (es decir, intentar aumentar tus fuerzas productivas), consideras la posibilidad de trasladarte a un área más tranquila o pedir educadamente a tus colegas que hagan silencio (es decir, eliminando las fuerzas improductivas).

Así, estarás más motivado para comenzar y continuar trabajando, no necesariamente porque hayas aumentado tu fuerza de voluntad, sino porque has dejado que la energía natural que ya está dentro de ti fluya sin obstáculos.

La paradoja de la elección

Si bien solemos pensar que tener opciones es bueno, y que cuantas más opciones haya, mejor, las investigaciones recientes sobre el comportamiento humano sugieren lo contrario. Se trata de un fenómeno que el psicólogo Barry Schwartz denomina «la paradoja de la elección», según la cual las personas tienden a estar peor cuando tienen más opciones para elegir en lugar de cuando tienen un único curso de acción disponible.

Por ejemplo, supongamos que tu empresa ofrece varios tipos de becas de investigación. Presionado por elegir la mejor opción, y abrumado por toda la información que debes analizar y comparar para poder tomar la decisión, finalmente dejas pasar la oportunidad y en consecuencia tu carrera de investigador se estanca porque frente a múltiples opciones te has quedado paralizado sin saber qué hacer.

Aprender a lidiar con la paradoja de la elección es, por tanto, necesario para vencer la procrastinación. Si ya tienes una mentalidad que te hace capaz de tomar decisiones acertadas rápidamente frente a múltiples opciones, es menos probable que caigas en la parálisis o el estrés que hace que la mayoría de las personas procrastinen.

La paradoja de la elección tiende a tener un impacto negativo, pues cuando las personas se sienten abrumadas ante demasiadas opciones, suele suceder una de las siguientes dos alternativas.

Por un lado, después de haber tomado una decisión, es posible que no puedas dejar de pensar en las opciones no elegidas. Por ejemplo, después de comprar una pintura para renovar la habitación, todavía piensas en cómo se hubiera visto el lugar de haber elegido alguno de los otros colores. Por lo tanto, nunca estás realmente satisfecho con las decisiones que tomas, pues una parte de ti permanece preocupada por las opciones descartadas. Es el arrepentimiento del comprador.

Por otra parte, tener demasiadas opciones puede exponerte a un momento tan difícil, que te paralizas y terminas haciendo cualquier cosa. En filosofía, esto se ilustra con la paradoja del asno de Buridan. Popularizada por el filósofo Jean Buridan, esta paradoja muestra a un asno parado entre dos pilas de heno. El asno siempre elige el heno que está más cerca de él, pero en esta ocasión, ambas pilas están a idéntica distancia, por lo que el animal se siente incapaz de elegir entre las dos y finalmente muere de hambre.

Aplicada a los mecanismos de trabajo y productividad, la paradoja de la elección te lleva a procrastinar, ya que demoras en tomar una decisión o en comenzar una tarea, en un intento desesperado por evitar la presión que sientes ante tener tantas opciones. Disponer de opciones crea la ilusión de una mayor responsabilidad personal para tomar no solo una correcta, sino la mejor.

Para vencer la paradoja de la elección, la clave es imponerse reglas y restricciones. Debes aprender a ver en blanco y negro, porque las áreas grises son terrenos fértiles para pensar de más y procrastinar; te atraparán y te dejarán elucubrando qué tono de gris es la mejor opción hasta cansarte, desmotivarte y finalmente paralizarte. Cuando el asno de Buridan se distrajo con los grises en lugar de ver el camino directo hacia la pila de heno, vaciló y murió de hambre.

Para evitar caer en esta trampa, utiliza las siguientes estrategias:

- ***Concéntrate en un factor e ignora todo lo demás***

Cada opción ofrece sus pros y sus contras, y decidir entre numerosas opciones no es una cuestión de medir cuál tiene más pros y menos contras. Más bien, tomar una decisión depende en gran medida de lo que realmente te importa a ti, lo que a menudo se reduce a uno o dos factores básicos. Entonces, en lugar de lidiar con innumerables criterios que pueden, concéntrate solo en uno o dos factores vitales e ignora el resto. De esta manera, tendrás una idea más clara sobre qué opción es la mejor para ti y podrás seleccionarla más rápido.

Supón que quieres comprar un nuevo horno microondas. Tienes frente a ti un sinnúmero de modelos, cada uno con sus virtudes y características. Si no sabes qué factores te interesa priorizar, te verás fácilmente desorientado. En cambio, para que te resulte más fácil tomar una decisión, elige de antemano una o dos características específicas que se adapten a tus necesidades, por ejemplo, el tamaño (para que quepa en tu cocina). Con unas pocas características en mente, puedes eliminar con facilidad muchos modelos que no se ajustan a ellas, reduciendo efectivamente tus opciones y simplificando el acto de elegir.

- ***Establece un límite de tiempo para tomar una decisión***

Comprométete a tomar una decisión en, por ejemplo, dos minutos como máximo. Sea cual fuera esta decisión, cíñete a ella pase lo que pase. Esto echa por tierra la paradoja de la elección, al poner un límite a tu agonía sobre qué camino tomar, te evita sufrir las consecuencias negativas de dejar pasar las oportunidades, y te estimula a tomar la acción necesaria para alcanzar tus metas.

Por ejemplo, imagina que estás a cargo de elegir el lugar para un evento. Estás indeciso entre el lugar A y el lugar B. Has pospuesto las reservas durante semanas porque no puedes decidirte. Para evitar perder más tiempo, establece dos minutos para tomar una decisión y comprométete a sostenerla.

Puedes analizar ambas opciones dentro de esos dos minutos, pero una vez que se acabe el tiempo, el lugar que elijas debe ser el definitivo. Para respetar tu decisión y ceñirte a esta estrategia, llama de inmediato y haz la reserva correspondiente.

- ***Elige rápidamente una opción y sostenla si no surge una mejor***

Una vez que hayas elegido una primera opción, puedes establecer un breve período de tiempo para intentar encontrar alternativas y compararlas con ella. Si ninguna de las alternativas está a la altura de tu primera opción, entonces cíñete a ella. De este modo, cuentas con la seguridad de haber tomado una primera decisión que puede resultarte útil cuando llegue el momento de actuar. El haber elegido una primera opción constituye una opción en sí misma, y probablemente la sostengas hasta el final.

Volviendo al ejemplo anterior, imagina que estás a cargo de elegir el lugar para un evento, pero estás tan indeciso entre el lugar A y el lugar B que has pospuesto la decisión por completo. Para evitar más postergaciones, puedes establecer el lugar A como tu primera opción o alternativa predeterminada, y luego permitirte tres días para continuar buscando alternativas, o comparando los pros y los contras entre el lugar A y el lugar B. Si al final del tercer día no te convencen las otras opciones o, por el contrario, todas te parecen tan buenas que estás aún más confundido, vuelve a tu primera elección. De este modo, puedes seguir adelante con la planificación del evento sin atascarte ni procrastinar por no poder tomar una decisión. Entrenar tu mente para establecer una alternativa predeterminada te prepara para una toma de decisiones más activa que pasiva, y para evitar la parálisis que alimenta la procrastinación.

- ***Esfuérzate por satisfacer tus deseos***

EL verbo satisfacer proviene de las palabras latinas *satis*, «suficiente» y *facere*, «hacer», y representa aquello que deberíamos procurar, en lugar de algo dado para garantizar nuestra felicidad.

Generalmente, las personas se dividen en dos categorías: las que buscan satisfacer una decisión y las que buscan maximizar una decisión.

Supongamos que compras una bicicleta nueva. El «maximizador» dedicaría horas a evaluar tantas opciones como pudiera. Querría obtener el mejor resultado posible de su elección, una satisfacción al 100%.

Por el contrario, el «satisfactor» solo quiere quedar satisfecho y busca una opción que sea suficiente para sus propósitos. Quiere algo que funcione lo suficientemente bien como para quedar complacido, pero no lleno de felicidad ni éxtasis. Apunta a lo suficientemente bueno y se detiene una vez que lo encuentra.

Ambos tipos son muy diferentes y los estudios han demostrado que los satisfactores tienden a ser más felices con sus decisiones, mientras que los maximizadores tienden a seguir pensando en ellas después de haberlas tomado.

La maximización representa un enigma en nuestra era moderna, porque si bien ahora más que nunca en la historia de la Humanidad es posible obtener exactamente lo que deseamos, existe la paradoja de la elección, que hace que nos resulte imposible estar satisfechos. En la práctica, existen pocas decisiones en las que debamos esforzarnos por maximizar, por lo tanto, haz un esfuerzo proporcional y simplemente toma una decisión ya.

La mayoría de las veces, solo deseamos algo que sea confiable y que funcione. Imagínate que estás en una tienda intentando elegir la mejor mermelada de frutas. ¿Qué deberías ser en este caso, satisfactor o maximizador? El mismo razonamiento debería aplicarse en el 99% de nuestras decisiones cotidianas. De lo contrario, nos veremos constantemente abrumados y desperdiciaremos nuestro ancho de banda mental. Cualquiera fuera el máximo beneficio que la mejor mermelada del mundo pudiera ofrecernos, probablemente no valga la pena el esfuerzo que demande hallarla.

La motivación sigue a la acción

Otra mentalidad a adoptar en la batalla contra la procrastinación es cómo hacer aparecer la verdadera motivación y el apetito por la productividad. La mayoría de las veces, sea cual fuera la verdadera razón, terminamos diciéndonos a nosotros mismos que si no tenemos ganas no lo haremos.

Sería muchísimo más fácil lograr nuestras metas si supiéramos cómo motivarnos el 100% del tiempo. Sería como presionar un botón mágico que fuese capaz de sacarnos de la cama y ponernos en marcha. Cada vez que viéramos debilitarse nuestra energía, apretaríamos nuevamente el botón para inyectarnos otra dosis y así volver a ser productivos. Lo más parecido y legal que tenemos es el café, pero incluso este posee contraindicaciones.

Es más fácil sentirse motivado cuando te gusta un proyecto o estás haciendo algo que realmente te apasiona. Pero seamos realistas: hay días en los que el mero hecho de levantarse de la cama es un desafío. Muchas veces no disfrutamos suficientemente lo que hacemos como para sentirnos motivados. Un artista sí puede sentirse inspirado y motivado para plasmar sus visiones, pero ¿en el resto de los casos? Apenas intentamos juntar las fuerzas suficientes como para llegar al final del día. Todo esto es para aclarar el papel de la motivación a la hora de empezar y de actuar.

Cualesquiera sean tus objetivos, la motivación juega un papel importante y puede marcar la diferencia entre el éxito y el fracaso. Es uno de los ingredientes más importantes en tu impulso y tu ambición, pero la estamos malinterpretando.

Cuando pensamos en la motivación, queremos algo que encienda una chispa en nosotros, nos haga saltar del sofá y nos sumerja en nuestras tareas. Queremos una motivación que provoque la acción. Pero este pensamiento tiene un problema, a saber: podrías estar esperando algo que no existe. Este tipo de motivación, si la encuentras alguna vez, es muy poco confiable. Si crees que necesitas una motivación que provoque la acción, estás equivocado.

Por ejemplo, un escritor que siente que no puede escribir sin motivación o inspiración se quedará mirando la hoja en blanco durante horas. Fin de la historia.

La verdad es que debes planificar tu vida sin un comienzo motivador. Buscar esa motivación crea un requisito previo y una barrera adicional para la acción. Adquiere el hábito de continuar sin ella y, sorprendentemente, encontrarás lo que estabas buscando. La acción conduce a la motivación, a más motivación y, finalmente, a un impulso.

Cuanto más trabajas por algo, más significativo se vuelve eso para ti. Tus acciones serán tu combustible para seguir adelante. Una vez que hayas dado el primer paso y hayas visto el progreso de tus esfuerzos, la motivación será más fácil y más natural, al igual que la inspiración y la disciplina. Lograrás un ritmo y, de repente, estarás de humor y tendrás ganas de trabajar. El primer paso siempre será el más difícil, pero el segundo ya no.

Recuerda: olvídate de la motivación. Empieza y te sentirás motivado. Dar el primer paso es difícil, pero no olvides que, además de la motivación, el simple hecho de comenzar trae consigo muchas otras cosas.

Por ejemplo, la confianza también sigue a la acción. ¿Cómo esperas tener confianza en algo si ni siquiera lo intentas? La acción te dice que no tienes nada que temer. Es la confianza que viene con la experiencia de primera mano, y que es mucho más fácil de hallar en contraposición a la falsa confianza que proviene de intentar convencerse a sí mismo de que se puede antes de intentarlo.

Hablar en público es casi siempre una idea aterradora. Piensa en cómo podrías ganar la confianza que provoque la acción: te dirías a ti mismo que todo estará bien, imaginarás a la audiencia en ropa interior y recordarás tus múltiples ensayos. Ahora piensa en cómo ganar confianza después de haber comenzado, cómo la misma acción es capaz de generar confianza. «Lo hice y estuvo bien» es un argumento más convincente que «No lo he hecho todavía, pero creo que estará bien».

Para concluir, lo más importante no es esperar hasta que todo esté 100% listo antes de dar el primer paso o que la motivación sea una parte necesaria de tu proceso. Nunca te sentirás del todo preparado y listo. Pero dar el primer paso te motivará más que cualquier otra cosa que hagas antes de empezar. Por lo tanto, permite que tus acciones te motiven y generen confianza. Cambia tus expectativas en relación con la motivación y elimina los requisitos previos que te reservas a ti mismo.

Siendo un ser humano, la tendencia a la procrastinación puede estar integrada en tu sistema límbico, pero eso no significa que debas ser esclavo de tus impulsos primitivos. Desarrollar estas mentalidades te convertirá en alguien con un mejor control de sus impulsos y deseos para poder hacer frente a la seducción de la procrastinación.

Conclusiones

- La procrastinación puede ser resultado de fuerzas biológicas en pugna, y podemos inclinar la balanza a nuestro favor si utilizamos algunas de las tácticas para fortalecer la mentalidad vistas en este capítulo. El miedo es una causa subyacente a menudo subestimada de la procrastinación.

- La primera táctica es comprender cómo aplicar las tres leyes del movimiento de Newton a la procrastinación. Resulta útil concebir la productividad (o la falta de ella) como una ecuación, pues permite pensar en las variables presentes en nuestra vida y aprender a manipularlas.

Primero, un objeto en reposo tiende a permanecer en reposo, mientras que un objeto en movimiento tiende a permanecer en movimiento (el primer paso es el más difícil). Luego, el volumen de trabajo producido es resultado de la concentración y de la fuerza que se aplica en él (concentra tus esfuerzos intencionadamente). Finalmente, para cada acción, hay una reacción igual y opuesta (haz un relevamiento de las fuerzas productivas e improductivas presentes en tu vida).

- Otro factor que influye en la procrastinación es la paradoja de la elección, que establece que la existencia de opciones es perjudicial, pues causa indecisión y nos atormenta con dudas. Esta paradoja podría confundirnos como al burro de Buridan y hacernos morir de hambre por no poder decidirnos entre dos platos de comida. Para combatirla, adquiere el hábito de establecer un límite de tiempo para tomar tus decisiones, ver las cosas en blanco y negro, buscar la satisfacción y elegir una opción predeterminada.

- Finalmente, debes comprender que la motivación y el estado de ánimo para dejar de procrastinar no es algo que aparezca espontáneamente. Puede que nunca aparezca antes, pero casi seguro aparecerá después de comenzar. La motivación sigue a la acción, pero la mayoría de nosotros espera la motivación antes de la acción. Lo estamos haciendo al revés. Necesitamos comenzar para sentirnos mejor.

Capítulo 4: Tácticas psicológicas

«La procrastinación es la tumba de las oportunidades.»
Anónimo

¿Cómo se hace para que una máquina funcione? La enchufas a una fuente de energía y presionas el botón de encendido. Pues bien, ponerte a ti mismo a trabajar no es tan simple, pero de alguna manera también tú tienes «fuentes de energía» a las que conectarte y «botones» psicológicos que puedes presionar para ser más productivo y evitar procrastinar. Si sabes de dónde sacar la energía para realizar las tareas y qué botones presionar (o evitar presionar), podrás vencer la procrastinación y te encaminarás para lograr tus objetivos.

En este capítulo veremos cuatro tácticas psicológicas que te permitirán presionar los botones correctos en tu propia psique para ponerte en marcha cuando te dispongas a realizar tus tareas. Estas tácticas son: (1) no ceder ante tu estado de ánimo, (2) lidiar con el sesgo de omisión, (3) visualizar tu yo futuro y (4) usar el método si-entonces.

Nadie tiene ganas porque sí

¿Cuántas veces has pospuesto una tarea solo por no «estar de humor» o no tener «ganas»? ¿Cuál es tu récord de tiempo acumulado hasta «sentir» que es el momento adecuado para comenzar?

Esto resulta sospechosamente parecido al final de nuestro capítulo anterior, donde hablamos sobre cómo la acción crea motivación. En lugar de esperar a que tu estado de ánimo te impulse a la acción, actúa primero para que tu estado de ánimo se motive y haga que todos los sistemas funcionen.

Comienza a trabajar pensando en que la acción inspira el estado de ánimo, y no al revés. Por ejemplo, ya sea que estés de humor o no para hacer esa investigación que debes hacer, siéntate y comienza a navegar por internet buscando información sobre el tema. Muy pronto, te verás ganando cada vez más impulso y te sentirás más motivado para continuar.

No importa en qué estado de ánimo te encuentres, si feliz o de mal humor, si emocionado o aburrido, si tranquilo o nervioso, solo comienza. Ahora profundizaremos más allá de la simple afirmación de que la acción es lo que importa, pues la pregunta sigue siendo: ¿cómo llegamos a ese punto? Podemos saber de manera lógica que estamos actuando en contra de nuestros propios intereses, y aún permanecer pegados al sofá.

Los investigadores han desarrollado un manual de estrategias para ayudarte. Dominarlas no solo te ayudará a actuar independientemente de tu estado de ánimo, sino a reparar tu estado de ánimo en general. En definitiva, ya sea que tu intención sea eliminar la procrastinación de tu sistema o simplemente convertir los sentimientos negativos en positivos, al practicar estas tácticas psicológicas que se describen a continuación experimentarás un impulso anímico siempre que lo necesites.

Primero, establece un umbral bajo para comenzar. Como aconseja el Dr. Timothy Pychyl, investigador especialista en el campo de la procrastinación, hacer que el umbral para comenzar sea relativamente bajo puede engañar a tu mente para que se motive ante una tarea. Un umbral bajo sugiere que la tarea es completamente manejable, y anticipar que superarás el primer obstáculo con facilidad te ayudará a promover las emociones positivas en relación con el trabajo a realizar. Al estimular los sentimientos positivos asociados a una tarea, será mucho más probable que la emprendas. De hecho, si comenzar te resulta tan fácil, no te molestará en lo más mínimo hacerlo, y será casi como si no estuvieras haciendo nada. Quizás no tengas ganas de hacer algo difícil, en cambio, puedes ceder a hacer algo fácil.

Supongamos que debemos crear una presentación gráfica para la empresa. Para establecer un umbral bajo, decidimos trabajar solo en los títulos de cada diapositiva. Dejaremos los detalles y el contenido para más adelante, pues no es pertinente para nuestro umbral actual y nuestro objetivo de comenzar. Obtener una victoria fácil nos hará ganar un impulso que nos aleje del sofá.

Un umbral bajo no tiene por qué ser solo con respecto al tiempo que demanda una tarea o un paso de esta. También puede ser con respecto a la calidad de lo que se está produciendo. En lugar de tratar de escribir 500 palabras perfectas al día, intenta escribir 500 palabras de borrador. Rebajar tus estándares te ayudará a dejar de pensar demasiado y simplemente ponerte en acción.

Al crear un umbral bajo para comenzar, atacamos uno de nuestros mayores obstáculos: el hecho de ver la tarea como un producto final y acabado mucho más grande. Cuando algo es tan grande e inalcanzable, no tiene sentido hacer nada.

Por lo tanto, trata de concentrarte en el proceso más que en el producto. Si bien el producto es el resultado de tus esfuerzos, el proceso se refiere al conjunto de acciones a realizar y al tiempo que demanda el trabajo que conduce hacia ese resultado. El objetivo final nunca cambiará, pero sí la manera en que tú lo ves.

Quizás alguna vez hayas oído hablar o tenido la oportunidad de presenciar la ceremonia del té de los japoneses, y cómo cada paso del ritual tiene su importancia, por lo que se realiza con el mayor cuidado y respeto. Allí resulta sencillo reconocer cómo es enfocarse en el proceso más que en el producto.

Para los japoneses, las ceremonias del té no se hacen solo para tomar té. El proceso en sí tiene más importancia que el producto. Cuando te concentras en el proceso y le dedicas toda tu atención, el producto inevitablemente surge como resultado de ese proceso: el té se sirve y se bebe al final.

Ahora bien, ¿cómo se relaciona esto con la procrastinación? Cuando tienes que hacer algo, especialmente si se trata de una tarea grande, es fácil sentirse abrumado por la presión de tener que entregar el producto.

Esta presión suele ser suficiente para que las personas opten por procrastinar en lugar de enfrentar la tarea. Para evitarlo, intenta concentrarte en el proceso. ¿Qué necesitas hacer para realizar el trabajo? Divide el trabajo en tareas más pequeñas, luego organiza estas tareas para que puedan ser realizadas en períodos de tiempo distribuidos en días o semanas.

Estas tareas más pequeñas son más fáciles de asimilar mentalmente, y las porciones pequeñas te alivian de la presión al permitirte concentrarte solo en una parte del trabajo a la vez, en lugar de intimidarte ante la idea de un objetivo general amplio.

Supongamos que debemos diseñar un manual para la su empresa. El manual es su producto. Pensar en el producto acabado (que debe incluir todo, desde los antecedentes de la empresa, la visión y la misión, el organigrama y las medidas de seguridad) puede desencadenar un pavor abrumador por tener que realizar una tarea tan gigantesca.

Entonces, en lugar de enfocarnos en el producto (es decir, el manual completo), concentrémonos en el proceso de creación, sección por sección. Asignaremos un período de tiempo para cada sección, por ejemplo, una hora para el organigrama. Realizaremos la siguiente sección a otra hora, y así sucesivamente, hasta completarlo todo.

Mantente enfocado en lo que está frente a ti y completa las tareas previstas. Al atender de a una parte por vez, facilitarás el proceso y sentirás que estás logrando cosas en todo momento, en lugar de postergar solo para el final la sensación de éxito.

Piensa en esta estrategia como construir una pared ladrillo a ladrillo. Te sentirás más motivado para comenzar a trabajar si sabes que solo cuentas con una cantidad específica de ladrillos para colocar por día, en lugar de visualizar el muro entero desde el comienzo.

Al tener expectativas realista, estarás a salvo de sentir una presión abrumadora para lograr lo imposible. Será más sencillo lograr un buen ritmo y no te sentirás culpable por colocar solo 10 ladrillos por día, pues sabes que esos 10 ladrillos diarios te permitirán alcanzar tu objetivo con el tiempo.

En segundo lugar, perdónate por procrastinar. Una de las formas en las que la procrastinación logra apesadumbrarte es haciéndote pensar que tus errores pasados en relación a la procrastinación son irremediables, y que no hay nada que puedas hacer para mejorar las cosas. Te sientes culpable por ser tan débil en tu lucha contra la procrastinación, que te desanimas y ya no quieres intentarlo nuevamente.

Por ejemplo, puedes llegar a pensar que por haber pospuesto la realización de ese proyecto de investigación durante la última hora, cualquier intento de retomarlo es una causa perdida, así que decides seguir procrastinando. Cuando te perdonas, dejas de pensar en términos de causas perdidas y de revolcarte en la autocompasión, para pasar a la siguiente fase, que es la acción.

En lugar de revolcarte en el pozo sin fondo de la culpa, decídete perdonarte por procrastinar y recupera la motivación para comenzar tras haber reconocido tu error. El profesor de psicología Michael Wohl, en un estudio del año 2010, descubrió que los estudiantes de primer año de la universidad que lograron perdonarse a sí mismos por haber postergado sus estudios con miras a su primer examen, lograron procrastinar menos en el próximo examen. Perdonarse a sí mismo por procrastinar, por lo tanto, disminuye la probabilidad de volver a procrastinar. En lugar de concentrarte en el problema («¡No puedo creer que tenga tanto para hacer!»), enfócate en las soluciones («¿Qué paso debo tomar ahora?»).

Alguien con una mentalidad orientada a los problemas se obsesiona con el problema en sí, se pregunta qué salió mal, busca culpar y responsabilizar por el problema, y la única respuesta que tienen es «evitarlo». No puede superar sus sentimientos negativos con respecto a un problema u obstáculo.

Para encontrar una solución a esta mentalidad, determina cuáles son tus condiciones existentes ahora (Punto A) y cómo quieres que eventualmente resulten (Punto B). Al obtener una comprensión clara de cada punto y la brecha entre ellos, obtendrás una idea mucho mejor de lo que debes hacer.

Piensa en el problema como si fuese una lista de verificación. Podrías hacer una lista de todos los problemas y, alternativamente, una lista con posibles soluciones. Solo una de estas listas es procesable. Lo único que puede esperarse de una lista de problemas son quejas y una fijación en el fracaso. Con una lista de acciones, en cambio, tienes opciones para seguir de inmediato. Solo la lista de soluciones posee un valor real.

Fuera de la vista, fuera de la mente

Si sabemos que procrastinar es malo, ¿por qué seguimos haciéndolo? Como ya hemos expuesto, las explicaciones biológicas apuntan a la batalla sostenida entre el cerebro reptiliano, dominado por impulsos primitivos, y la corteza prefrontal, insuficientemente fuerte como para controlar esos impulsos.

Pero, ¿qué hay de la explicación psicológica de nuestra tendencia a hacer algo que no nos conviene? ¿Qué hay en nuestra psique y en los procesos cognitivos que nos predisponen a procrastinar cuando en realidad sabemos que deberíamos comenzar esa tarea ahora mismo?

De acuerdo con el portal de negocios Harvard Business Review, este fenómeno es atribuible a lo que se conoce como «sesgo de omisión», una distorsión cognitiva por la cual no vemos las consecuencias de no hacer algo.

Si bien nos resulta fácil imaginar las consecuencias de hacer algo malo, es más difícil imaginar los costos de la omisión. Esto se debe a que cuando realizamos o presenciamos una acción, estamos preparados para anticipar un efecto producto de esa acción. Esperamos a ver qué pasa después. Pero cuando no existe una acción tangible, nuestra mente no encuentra razón para prever las consecuencias que esta podría traernos.

Tendemos a seguir con nuestras vidas sin siquiera pensar que la omisión pudiera tener consecuencias, precisamente porque suponemos que al no haber acción, no habrá efecto. Esto es: fuera de la vista, fuera de la mente.

Por ejemplo, suele ser más fácil para nosotros imaginar lo perjudicial que podría ser para nuestra salud comer comida chatarra con frecuencia, pero nos es más difícil reconocer cómo el hecho de no hacer ejercicio puede producirnos el mismo perjuicio. Si bien podemos evitar activamente la comida chatarra para intentar mantener un estilo de vida saludable, no es tan probable que comencemos un régimen de ejercicios para apoyar ese mismo objetivo. No tiene el mismo impacto psicológico.

El sesgo de omisión suele estar en juego cuando procrastinamos. La procrastinación es esencialmente una omisión, es el fenómeno de no hacer el trabajo. Debido a nuestro sesgo considerando los pros y los contras de hacer o no hacer tal o cual cosa, tendemos a sentirnos menos alarmados por nuestra tendencia procrastinar, dado que, técnicamente, no estamos haciendo nada, razón por la cual nuestra mente interpreta que eso significa que no estamos haciendo nada malo.

Nuestra mente razona: «¿Cómo puedo estar haciendo algo mal si no estoy haciendo nada?». Esa es la brillante «lógica» de nuestra mente: doblegar la razón para apoyar nuestros hábitos de procrastinación y continuar cosechando placeres a corto plazo mientras permanecemos ciegos a los impactos negativos de nuestra inacción.

Entonces, ¿cómo se sale de la rutina que crea el sesgo de omisión? La respuesta comienza con la conciencia. Cuando seas consciente de la gravedad de las consecuencias asociadas a no hacer una tarea, estarás más motivado para comenzar a hacerla. Debes aprender a reconocer cómo el sesgo de omisión opera en tu vida, cómo ha saboteado tu motivación en trabajos pasados y cuán probable es que afecte tus decisiones futuras.

Magnificar proactivamente los efectos negativos del sesgo de omisión en tu vida es una poderosa forma de enfrentarlo y una estrategia clave para la transición de la procrastinación a la productividad. Puede que no haya efectos negativos inmediatos, pero a medida que empieces a pensar por fuera de ti y hacia el futuro, estos se materializarán más y más.

Por ejemplo, supongamos que has procrastinado tu tarea de revisar y actualizar los procedimientos de tu empresa sobre eliminación de productos químicos. Si no eres consciente de tu propio sesgo de omisión, quizás sientas que no está haciendo nada mal, pues, en definitiva, el sistema actual funciona. Sin embargo, estás soslayando el impacto negativo que podría tener en el futuro el no hacer esta tarea, especialmente para la salud de todos los miembros de tu comunidad. Continuar empleando métodos anticuados para eliminar productos químicos nocivos puede envenenar el agua del vecindario o poner en peligro la salud de los empleados de la empresa. Pero sin imaginar de manera proactiva estos efectos negativos de la inacción, será menos probable que sientas la necesidad de actuar. Para remediar esta situación, reflexiona sobre las consecuencias negativas de no hacer la tarea que tienes entre manos y utilízalas para motivarte a trabajar.

Visualiza tu yo futuro

Recuerda que la característica principal de la procrastinación no es la mera postergación de tareas, sino el retraso voluntario de una tarea a sabiendas de las consecuencias negativas de ese retraso. Pues bien, adivina quién se verá perjudicado. La procrastinación no es solo autocomplacerte, sino poner en riesgo tu bienestar futuro por enfocarte en el placer a corto plazo en vez de los beneficios a largo plazo.

El ya mencionado Dr. Pychyl te sugiere que «viajes en el tiempo».

No te asustes, este libro no se ha convertido de pronto en una novela de ciencia ficción. El viaje en el tiempo que aquí proponemos tiene que ver con proyectarte hacia el futuro como una forma de anticipar lo bien que te sentirías si terminaras una tarea y lo mal que te sentirías si no lo hicieras. Piensa vívidamente en tu yo futuro y en cómo te sentirías. Esta estrategia remedia la tendencia a quedar tan atrapado en tus ansiedades o placeres presentes que no puedes apreciar el alivio y la sensación de plenitud que sobrevienen al cumplir una tarea, y el horror y el abatimiento que sobrevienen al no hacerlo.

Cuando logras asociar las acciones inmediatas a las consecuencias a largo plazo, rápidamente obtienes una perspectiva sobre lo que debes o no debes hacer. Visualiza tu futuro, y todas las consecuencias positivas y negativas que surgen de una pequeña acción inmediata. Usa tu imaginación.

Por ejemplo, si no te sientes motivado para escribir el discurso que te han pedido, imagínate recibiendo la ovación final. ¿Cómo te iría si lo hicieras bien? ¿Cómo sería el aplauso de la concurrencia y cuántos elogios obtendrías después? ¿Qué tan satisfactorio sería haber hecho bien tu trabajo, especialmente si se trata de un desafío? En contrapartida, ¿qué pasaría si no fueras lo suficientemente preparado?

¿Qué tan nervioso estarías si subieras al escenario sin saber bien qué decir, buscando las palabras, y cuánto sudarías frente a todos? ¿Cómo podría un mal desempeño cambiar la percepción que la gente tiene de ti? Sumérgete en esa sensación de tribulación y pánico.

Ahora tienes una idea más clara de lo que está en juego. Imagínate tanto los dolores como las alegrías, y utilízalos como un estímulo mental. Es cierto que los dolores pueden llegar a ser más motivadores, pero sigue adelante. En pequeñas dosis, usar el miedo es un mal necesario.

Otros científicos también han apoyado esta noción. El estudio sobre la procrastinación crónica ha revelado algo interesante en relación a lo que distingue a los procrastinadores crónicos del resto. Cada uno de nosotros tiene una forma diferente de transportar la mente al futuro; lo hacemos cada vez que planificamos, establecemos metas o proyectamos afirmaciones positivas.

A través de estas acciones, podemos conectarnos con nuestro yo futuro y visualizar cómo hacer la transición de nuestra situación actual a esa visión futura. Para los procrastinadores crónicos, sin embargo, esa visión de su yo futuro tiende a ser borrosa, más abstracta e impersonal. A menudo sienten una desconexión emocional entre quiénes son en el presente y quiénes se convertirán en el futuro. Por lo tanto, tienen más dificultades para retrasar la gratificación. A medida que están más en sintonía con los deseos de su yo presente y no se sienten lo suficientemente conectados con su yo futuro como para preocuparse por su bienestar, los procrastinadores crónicos ceden más fácilmente al atractivo de los placeres a corto plazo.

En lugar de sacrificar la comodidad presente por recompensas futuras, eligen deleitarse con lo que se siente bien ahora, pues su visión tiende a circunscribirse al momento inmediato. Esto es lo que el profesor de psicología Dr. Fuschia Sirois llama «miopía temporal», entendida como un defecto de la visión respecto del tiempo, una cualidad clave que puede subyacer a la procrastinación crónica.

Para aclarar aún más el fenómeno de cómo nuestra percepción del tiempo puede influir en la forma en que tomamos decisiones, Hal Hershfield, profesor de mercadotecnia en la Anderson School of Management de UCLA, realizó una serie de experimentos utilizando la realidad virtual. Hershfield hizo que, literalmente, las personas interactuaran con su yo futuro.

Los resultados revelaron que las personas que interactuaban con su yo futuro tenían más probabilidades de estar preocupadas tanto por su yo presente como por su yo futuro, y eran más proclives a actuar favorablemente en consideración a su yo futuro. Por ejemplo, era mucho más probable que depositaran dinero en una cuenta de jubilación virtual para beneficio del yo futuro con el que interactuaban.

¿Qué demostraron los estudios de Hershfield? Que cuanto mejor podamos visualizar e interactuar con nuestro yo futuro, mejor lo cuidaremos. Esto se debe a que al visualizar y conectarnos con nuestro yo futuro, percibimos más claramente las consecuencias de las circunstancias venideras y reconocemos cómo las acciones de nuestro yo presente están destinadas a crear un impacto real en nuestro yo futuro.

Al practicar la visualización, comenzamos a entender que si bien procrastinar puede ser bueno para nuestro yo presente, puede resultar desastroso para nuestro yo futuro. A medida que nos identificamos con el destino de nuestro yo futuro y las consecuencias que sufrirá si mantenemos nuestro hábito de procrastinar (como pasar noches de insomnio tratando de ponerse al día con el trabajo, entregar trabajos mal hechos y a última hora, o lidiar con fracasos profesionales), comenzamos a motivarnos para cambiar nuestras formas actuales y más productivos.

Por ello, la próxima vez que te sientas atraído por procrastinar, piensa en tu yo futuro. Visualiza cada pequeña cosa y circunstancia a la que debería enfrentarse tu yo futuro si hicieras una u otra cosa.

Probar las dos vidas alternativas que podría experimentar tu yo futuro aumentará tu motivación para actuar hacia el éxito en lugar de hacia el fracaso.

Cuanto más logres apreciar la belleza de un escenario exitoso, mejor podrás visualizar la tarea completada y relevar el camino hacia atrás, es decir, comprender las tareas específicas que debes realizar para llegar a esa visión de tu yo futuro.

Tener presente tu yo futuro te servirá como recordatorio tanto de las consecuencias positivas de vencer la procrastinación como de los impactos negativos de no luchar contra el impulso de retrasar las tareas previstas.

El método si-entonces

Esta técnica también es conocida como «intención de implementación». En términos generales, se refiere a hacer que tu intención sea fácil de implementar. La parte «si» corresponde a la señal, mientras que la parte «entonces» corresponde a la rutina.

La fórmula es la siguiente: si ocurre X, entonces haré Y. Eso es todo. Esto te ayuda a evitar la procrastinación, porque nunca llegas a lidiar con ella en el momento crítico, ya que tomas la decisión de antemano. Cuando las acciones están encadenadas y previstas, tienden a suceder con mayor frecuencia.

Como ejemplo rápidos: «si» son las 15 horas del domingo, «entonces» llamarás a tu madre; «si» son las dos de la tarde, «entonces» beberás un litro de agua; «si» acabas de tomar un descanso, «entonces» harás algunas tareas.

Estos ejemplos de si-entonces son para lograr un objetivo específico, lo cual corresponde a un primer tipo de uso. La variable X puede ser cualquier evento, hora u ocurrencia que tenga lugar con frecuencia, mientras que la variable Y representa la acción específica que tomarás.

El método si-entonces materializa tus metas deseadas y las vincula a momentos concretos de tu día. Tu objetivo de comer más saludablemente o comenzar a trabajar tiene ahora una receta establecida, pues está ligado a un hecho diario que es inevitable. En lugar de una generalización abstracta, ahora cuentas con un momento y un lugar para actuar.

Parece simplista, y puede que lo sea, pero se ha demostrado que usar el método si-entonces ofrece dos o tres veces más probabilidades de éxito que no usarlo. Un estudio arrojó que el 91% de las personas que utilizaron un plan basado en el método si-entonces cumplieron con un programa de ejercicios frente al 39% de quienes no utilizaron ninguna planificación. Peter Gollwitzer, el psicólogo de la NYU que articuló por primera vez el poder de la planificación si-entonces, revisó recientemente los resultados de 94 estudios que utilizaron la técnica y encontró tasas de éxito significativamente más altas para casi todos los objetivos que puedas imaginar, desde usar el transporte público con más frecuencia hasta evitar pensamientos estereotipados y perjudiciales.

Supongamos que tu pareja te ha insistido con que le envíes un mensaje de texto cada vez que salgas tarde del trabajo y vayas a llegar tarde para la cena. Entonces, tú decides hacer un plan si-entonces: «si» son las 8 de la noche y aún estoy en el trabajo, «entonces» le enviaré un mensaje a mi pareja. De este modo, el evento «8 de la noche en el trabajo» se conectará directamente en tu cerebro a la acción «enviar un mensaje de texto a mi media naranja».

El evento o señal «8 de la noche en el trabajo» se activa. Inconscientemente, tu cerebro comienza a escanear el entorno, buscando verificar la variable «si» de tu plan. Una vez que esta ocurre, automáticamente tiene lugar la variable «entonces». Ya no tienes que monitorear de manera consciente tu objetivo, lo que significa que tus planes se ejecutarán casi independientemente de si estás o no atento.

Al relevar situaciones y dirigir el comportamiento sin esfuerzo consciente, el método si-entonces es mucho menos exigente y requiere de menor fuerza de voluntad. No permite conservar nuestra autodisciplina para cuando realmente la necesitamos. Armado con el método si-entonces, puedes decirle a tu voluble amiga fuerza de voluntad que este año no la necesitarás.

Todos estos métodos nos ayudan a enfocarnos en los pequeños pero poderosos desencadenantes que nos llevan a cometer las infracciones personales que estamos tratando de eliminar, y a superar las reacciones residuales que surgen de forzar un cambio en nuestras vidas. Lo mejor de todo es que no se basan en cambios radicales o críticos sobre quiénes somos, sino que hacen que nuestro cerebro y nuestros impulsos naturales trabajen para nosotros en lugar de echarse a dormir.

Decidir cómo vas a reaccionar ante las circunstancias relacionadas con tu objetivo crea un vínculo en tu cerebro entre la situación o señal «si» y el comportamiento a seguir «entonces». Todo lo demás, como ya sabemos, queda a cargo de nuestro cerebro.

Aprende a presionar los «botones psicológicos» correctos para deshacerte de la procrastinación y convertirte en una persona más productiva. A medida que domines el arte de reparar tu estado de ánimo, confrontar tu sesgo de omisión y visualizar tu yo futuro, tendrás cada vez menos problemas para comenzar. Es cierto que para un ser humano, con su bagaje de instintos e impulsos, no es tan fácil como apretar un botón y ponerse a trabajar. Pero con las tácticas psicológicas adecuadas, puedes lograr un dominio de ti mismo lo suficientemente sólido como para dominar esos instintos e impulsos, y orientarte hacia la productividad y la máxima eficiencia.

Conclusiones

- A veces, es necesario engañarnos a nosotros mismos para hacer lo que no queremos hacer. De hecho, este es un aspecto muy importante a tener en cuenta para mejorar y lograr destreza en cualquier cosa. Nos sentimos seducidos por el beneficio o el resultado final al punto de sonreír y soportar la incertidumbre presente.

- Muchos piensan que solo pueden trabajar si están de humor, tienen ganas o están inspirados. Esa es una batalla perdida. No confíes en tu estado de ánimo para llegar a donde quieres llegar. Por el contrario, piensa exactamente al revés: una vez que comiences, tu estado de ánimo te acompañará. Para actuar más rápido, fíjate umbrales bajos para comenzar, y enfócate en el proceso y no en el producto final. Además, perdónate por procrastinar y, en lugar de pensar en el problema, piensa en las posibles soluciones.

- Comprende y controla el sesgo de omisión, que es el fenómeno mediante el cual supones las consecuencias de hacer algo, pero eres incapaz de imaginar las consecuencias de no hacer algo. Es más que tomar conciencia. Puedes combatir el sesgo de omisión visualizando proactivamente el mal futuro que estás creando, y eso te pondrá en marcha.

- Visualiza tu yo futuro. La mayoría de las persona padece miopía temporal, que es el déficit en la visión a largo plazo. Tus acciones diarias pueden conducirte a futuros muy diferentes. Cuando puedes visualizar de manera efectiva las consecuencias personales, tanto positivas como negativas, de tus acciones, eres más consciente de lo que debes hacer y te comprometes más con ello.

- Finalmente, utiliza el método si-entonces. Esta fórmula ataca la procrastinación, dado que gracias a ella las decisiones son tomadas de antemano: ante la ocurrencia de cierto evento, se tomará un determinado curso de acción. Al vincularlo a eventos o sucesos concretos, tomar una acción o asumir un comportamiento se vuelve mucho más fácil.

Capítulo 5: Planificación estratégica

«No tienes que ver toda la escalera, solo da el primer paso.»
Martin Luther King

Para vencer la procrastinación, la mitad de la batalla consiste en implementar una buena estrategia. Si planificas bien tus tareas y configuras estratégicamente tu carga de trabajo, puedes eliminar toda posibilidad de caer en la procrastinación. Ya no es necesario retrasar el inicio de un proyecto, desviar la tarea o ceder a la tentación de participar en actividades sin sentido y sin importancia; más bien, puedes orientar las cosas hacia la productividad, la eficiencia y la concreción de las metas.

En este capítulo veremos cuatro tácticas de planificación estratégica para evitar la procrastinación: (1) el método STING, (2) la manipulación de variables en la «ecuación de la procrastinación», (3) el conjunto de tentaciones y (4) la matriz de Eisenhower.

Piensa en STING

El método STING representa un acrónimo de cinco estrategias para prevenir la procrastinación: (S)eleccionar una tarea, medir el (T)iempo, (I)gnorar todo lo demás, (N)o hacer pausas, y darse un (G)usto. Esta guía estricta puede resultar especialmente útil para quienes necesitan controlarse.

S: Selecciona una tarea

Para evitar la procrastinación, la clave es concentrarse. Y cuando hay más de una tarea para hacer, tu capacidad de concentración se tenderá a dividirse. En lugar de comenzar inmediatamente con una tarea, te preguntarás: «¿Debo hacer primero la tarea A, la tarea B o la tarea C? ¿Las hago todas a la vez? ¿O pospongo alguna?».

Abrumarse por tener que hacer más de una tarea puede ser un precursor de la procrastinación, ya que tener que tomar una decisión nos paraliza de actuar. Por otra parte, perseguir un objetivo demasiado grande sin subtareas claras y más pequeñas en las que poder trabajar fácil e inmediatamente puede resultar incómodo. Sin saber cómo o por dónde empezar, podemos sucumbir a la procrastinación y terminar distrayéndonos con otras actividades más agradables.

Para remediar la situación, selecciona una única y pequeña tarea en la que concentrarte en un momento determinado. Al tener un curso de acción claro frente a ti, será menos probable que intentes huir de una situación abrumadora o confusa por medio de la procrastinación.

T: Mide el tiempo

Una noción que a menudo genera procrastinación es la idea de tener que trabajar en algo durante interminables horas. Frente a un pronóstico tan sombrío de cómo sería tu vida en el futuro cercano si te lanzaras a la tarea en cuestión, es probable que optes por retrasar esa tarea. En otras palabras, cuando no puedes ver la luz al final del túnel, evitar entrar en ese túnel, es decir, procrastinar, resulta una respuesta normal. Pues, en definitiva, ¿por qué razón comenzarías una tarea que no sabes cuándo acabará?

Por ello, medir el tiempo resulta una buena estrategia para contrarrestar la amenaza de la procrastinación. Tomarte el tiempo significa asignar una medida temporal predeterminada para realizar una tarea en particular. Tómate, por ejemplo, una hora para hacer eso que tienes que hacer, y prométete detenerte cuando acabe la hora, independientemente de si has terminado la tarea.

De esta manera, estarás más motivado para comenzar a trabajar, porque puedes ver la «luz al final del túnel», es decir, puedes prever que podrás tomar un respiro al cabo de esa hora. Además, estarás más motivado a trabajar más eficientemente, porque sabes que solo dispones de un tiempo limitado. Querrás hacer valer cada minuto, ya que la cuenta regresiva enciende en ti una sensación de urgencia y de carrera contra el reloj que te empuja a moverte mientras el tiempo aún te lo permite.

I: Ignora todo lo demás

Mientras estés realizando la tarea, concéntrate solo en esa tarea e ignora todo lo demás. Esto es más fácil de hacer cuando has seleccionado solo una tarea y te has puesto un tiempo para hacerla, ya que esas dos primeras estrategias te permiten limitar tu enfoque y hacerte la promesa de que podrás distraerte o disfrutar de otras cosas tan pronto como el tiempo establecido se haya acabado.

Mientras tanto, debes concentrarse únicamente en la tarea seleccionada y ponerte anteojeras para ignorar todo lo demás que no esté relacionado con la tarea en cuestión. Es comprensible que te resulte difícil sin vacilar, especialmente cuando estás acostumbrado distraerte por lo que te rodea. Sin embargo, cuando logres ignorar por completo todo lo demás, experimentarás una claridad sorprendente y una sensación de seguridad en ti mismo. Descubrirás que tienes la capacidad para mantenerte firme y que ignorar el entorno no hace que el mundo se acabe ni desaparezca. Aquellas distracciones no son urgentes ni importantes, son solo distracciones.

Por ejemplo, si te has comprometido a realizar un informe en la próxima hora, concéntrate únicamente en el informe e ignora el resto, ya sean pensamientos sobre lo siguiente a hacer en tu lista, o distractores ambientales como las alertas de tu teléfono o un colega conversador. Ignorar estos elementos potenciales de distracción te protege de desviarte de tu propósito y, por lo tanto, te impide procrastinar.

N: No hagas pausas

Dentro del período de tiempo que has establecido para concentrarte en una tarea en particular, asegúrate de abstenerse de tomar descansos. Las pausas son necesarias para recuperar tus niveles de energía y tu lucidez mental, pero no deben tomarse a discreción. Si has planificado tu horario de manera eficaz, deberías haber programado las pausas y los descansos en los momentos adecuados durante el día, por lo que cualquier otra pausa en medio de las horas de trabajo no está justificada.

Si bien los descansos estratégicamente programados te mantienen encaminado, los descansos no programados te desvían de tu objetivo, ya que te ofrecen oportunidades para procrastinar haciéndote sentir que tienes «tiempo libre».

Tomar descansos no programados es una forma segura de caer en la trampa de la procrastinación. Puede hacerte creer que solo estás tomando una taza de café para mantenerse despierto, pero, en realidad, solo está tratando de evitar tener que trabajar en la tarea que tienes sobre el escritorio. Empiezas por tomar esa taza de café y lo siguiente que estarás haciendo será conversar con tu compañero de trabajo en el pasillo o darte un atracón de videos en YouTube. Si te permites pausas no planificadas, es muy probable que caigas preso de la procrastinación. Entonces, para evitar la procrastinación, comprométete a no tomar descansos al azar.

G: Date un gusto

Cuando hayas terminado una tarea, recompénsate. Disfruta de tu refrigerio favorito, disfruta de una película, o toma una buena siesta. Esta táctica disuade la procrastinación porque la posterga para el momento en que hayas completado una tarea, al prometerte algo placentero al final. Recuerda que los seres humanos son criaturas programadas para evitar el dolor y perseguir el placer.

Si bien este mecanismo puede inducirte a la procrastinación, también puede utilizarse para evitar la procrastinación, prometiéndote que te darás un gusto si logrart tu objetivo a tiempo. Así, te estás incentivando para lograr la tarea, y esa ansiedad producida por la promesa de la recompensa te motivará a realizar el trabajo y cumplir el objetivo.

Utilizadas en conjunto, las estrategias del método STING propician el espacio y el tiempo necesarios para que realices un trabajo sin interrupciones y puedas conquistar tus metas. También puedes utilizar el método una y otra vez, de manera progresiva en un mismo día, estableciendo descansos programados entre una y otra aplicación.

Manipula la «ecuación de la procrastinación»

Sí, leíste bien: existe una ecuación que representa visualmente la interacción de las variables que hacen que sea más probable que ocurra la procrastinación.

Quien la formuló es Piers Steel, un investigador especializado en procrastinación. Mientras que Stephen Guise fue quien aplicó las tres leyes del movimiento de Newton a los mecanismos de productividad, Steel depuró y sintetizó 691 estudios sobre el tema para llegar a una ecuación integral basada en evidencia que explica la motivación y la procrastinación.

Conocida como la «ecuación de la procrastinación», Steel elaboró la fórmula de la siguiente manera:

$$Motivación = \frac{Expectativa}{Impulsividad}$$

En esta ecuación, la motivación se refiere a tu impulso para realizar la tarea prevista. Cuanto mayor sea tu motivación, menos probable será la procrastinación. Cuanto menor sea tu motivación, más probabilidades tendrás de procrastinar.

Como se muestra en la figura, tu nivel de motivación depende de cuatro variables:

(1) expectativa, (2) valor, (3) impulsividad y (4) retraso.

La expectativa se refiere a tu esperanza de éxito en la tarea. Por ejemplo, si debes realizar una presentación para una venta, la expectativa se referirá a en qué medida esperas que esa presentación sea un éxito, como podría demostrarlo la aparición de cliente dispuesto a comprar tu producto. Ten en cuenta que la variable Expectativa se encuentra en el numerador de la ecuación. Esto significa que cuanto mayor sea tu expectativa de éxito, más motivado estarás para trabajar en tu tarea.

El valor se refiere a la importancia, la valoración o el nivel de agrado que la tarea posee para ti. ¿Cuánto te importa tu tarea? ¿Cuánto te gusta hacerla? Tus respuestas a estas preguntas hablan del valor que le das a la tarea. Si la presentación de venta que estás a punto de hacer es muy importante para ti, será más probable que estés motivado para seguir adelante.

Al igual que la variable Expectativa, la variable Valor también está en el numerador de la ecuación, lo que significa que cuanto más valores la tarea, mayor será tu motivación para realizarla.

Ahora hablemos de las dos variables que se hallan en el denominador de la ecuación: Impulsividad y Retraso.

La impulsividad se refiere a su tendencia a actuar impulsivamente, de manera inmediata, sin pensar en las consecuencias. Cuanto más impulsivo seas, más probabilidades tendrás de ceder ante tus deseos en un abrir y cerrar de ojos. A partir de esta descripción, puede imaginarse con claridad la relación entre ser impulsivo y procrastinar.

Por ejemplo, supongamos que en medio de la preparación de tu presentación de venta, sientes la necesidad de revisar las noticias en tus redes sociales. Si posees una personalidad impulsiva, te sentirá fuertemente obligado a actuar según ese impulso, lo que reducirá tu motivación para concentrarte en la tarea y te llevará a procrastinar. Esta es la razón por la que la impulsividad está en el denominador de la ecuación de la procrastinación. Su relación con la motivación es inversa: cuanto más impulsivo seas, menos motivado estarás para trabajar en la tarea prevista.

Finalmente, está la variable Retraso.

El retraso se refiere al intervalo de tiempo entre la finalización de una tarea y la recepción de la recompensa por hacerlo. Por ejemplo, supón que te han dicho que la paga por realizar tu presentación de venta no se te otorgará sino hasta tu jubilación. ¿Cómo te sentirías trabajando en esa presentación en este momento?

Es probable que una demora tan larga entre la finalización de la tarea y su recompensa disminuya tu motivación para trabajar en ella. Cuanto más debas esperar la recompensa, más difícil te resultará esforzarte para seguir adelante con la tarea. Es por eso que la variable Retraso se encuentra en el denominador de la ecuación. Al igual que la impulsividad, su relación con la motivación es inversa: cuanto mayor sea el retraso de la recompensa, menor será la motivación que sentirás para trabajar en la tarea.

En resumidas cuentas, la fórmula funciona de la siguiente manera cuando se trata de la procrastinación: cuanto más esperas tener éxito y más valoras una tarea, más motivado estás para trabajar en ella y, por lo mismo, es menos probable que procrastines. Por otro lado, cuanto más impulsivo seas y más demore en llegar la recompensa por la tarea, menos motivado estarás para trabajar y, por lo tanto, es más probable que procrastines.

La pregunta del millón es: ¿cómo manipular esas variables para vencer la procrastinación?

La bueno de organizar los componentes de la procrastinación como variables en una ecuación matemática es que se puede ver claramente qué componentes se deben aumentar y cuáles disminuir. Echemos un vistazo a la ecuación general nuevamente:

$$\text{Motivación} = \frac{\text{Expectativa}}{\text{Impulsividad}}$$

Dada la ecuación, la fórmula para aumentar la motivación, y por lo tanto disminuir la procrastinación, es simple: se deben aumentar los numeradores (Expectativa y Valor) y disminuir los denominadores (Impulsividad y Retraso).

Puedes implementar una combinación de las técnicas vistas para aumentar tu motivación, según lo que mejor se aplique a tu situación. Por ejemplo, si ya tienes altas expectativas de éxito y le das un gran valor a la tarea, pero tiendes a ser muy impulsivo y ceder fácilmente a las tentaciones, entonces sabes que debes esforzarte por disminuir la variable Impulsividad, así que tal vez intenta eliminar las distracciones de tu entorno y ser más reflexivo en lugar de demasiado reactivo.

Si no eres impulsivo pero tiendes a procrastinar porque esperas el fracaso y no tienes confianza en ti mismo, entonces trabaja para aumentar tu expectativa de éxito, descubrir tus fortalezas y aplicarlas para tener éxito.

Consideremos cómo sería manipular la ecuación de la procrastinación si la aplicáramos en nuestro ejemplo anterior de tener que realizar una presentación de venta. Recuerda que, dadas las variables en la ecuación de la procrastinación (Expectativa, Valor, Impulsividad y Retraso), existen al menos cuatro formas para aumentar tu motivación.

Primero, aumenta tu expectativa de éxito. En pocas palabras, sé más optimista. ¡Piensa en positivo! Las estrategias concretas para ayudarte a lograrlo incluyen ver videos motivadores y recordar situaciones en el pasado en las que hayas tenido éxito.

Cree en tu capacidad para hacer bien la presentación y visualiza una escena en la que tu audiencia está interesada y cautivada por tu presentación, y donde tu cliente reacciona positivamente a tu discurso. Asimismo, para evitar que esta visualización sea solo una ensoñación, los investigadores sugieren emplear una técnica llamada contraste mental.

Después de imaginar que tu presentación marcha bien, contrasta mentalmente esa imagen con la situación real en la que te encuentres ahora. ¿Cuánto trabajo llevas hecho realmente para poder hacer realidad esa visión? Esta técnica es eficaz para activar la planificación y la acción, lo que te impulsa a pasar de tu situación actual a un resultado exitoso.

En segundo lugar, aumenta el valor que la tarea tiene para ti. Si hacer una presentación de venta es algo que ya valoras mucho porque lo encuentras interesante o agradable, entonces no necesitas hacer mucho más que recordar constantemente por qué te resulta valiosa. Pero si hacer la presentación es algo que no te gusta o algo a lo que no le hayas sentido, entonces tu desafío será encontrar un aspecto de la tarea que podría gustarte o que tuviera un significado útil.

El arte de la automotivación tiene mucho que ver con el manejo de tus propias percepciones. Para aumentar el valor de la tarea, puedes suponer cómo hacer bien esa presentación de venta podría repercutir en el progreso de tu carrera y, en última instancia, en tu calidad de vida. Replantea la tarea no como un fin en sí mismo, sino como un medio para un fin que valores, y así te sentirá más motivado para seguir adelante.

En tercer lugar, disminuye tu nivel de impulsividad. Si bien algunas personas tienden a ser innatamente más impulsivas que otras, todos pueden implementar estrategias para disminuir su impulsividad general.

Estas estrategias necesitarán que modifiques y estructures tu entorno de tal modo que tenga menos oportunidades de actuar según tus impulsos. Según Steel, este enfoque requiere que «arrojes la llave». Por ejemplo, mientras trabajas en tu presentación, cierra todas aquellas pestañas de tu computadora que pueden tentarte a procrastinar (por ejemplo, las páginas de

YouTube, Facebook o Instagram). No trabajes frente al televisor.

Come bien antes de sentarte a trabajar, para evitar la tentación de levantarte a buscar un bocadillo mientras trabajas.

Finalmente, disminuye el retraso de la recompensa después de completar la tarea. Si bien es menos probable que esta variable esté bajo tu control en comparación con los otros componentes (pues no sueles ser tú quien determina cuándo serás recompensado), hay formas en que puedes ajustar esta variable para tu provecho. Por ejemplo, divide la tarea en subtareas más pequeñas y recompénsate por completar cada una de ellas. De esa manera, puedes seguir alimentando tu motivación con pequeños refuerzos a lo largo del proceso de trabajar en la tarea mayor. Piensa en esto como seguir alimentando el fuego con leños pequeños para mantenerlo encendido. Por ejemplo, recompénsate con una buena comida o una película tras completar una subtarea, como haber hecho la plantilla de la presentación.

Al saber cómo dirigir cada una de las variables de la ecuación, tendrás el poder de aumentar tu nivel de motivación y disminuir tus hábitos de procrastinación tanto como desees.

Conjunto de tentaciones

Esta forma de eliminar la procrastinación y aumentar la productividad combina el yo presente y futuro con sus necesidades en conflicto.

Concebido por la especialista en comportamiento Katy Milkman de la Universidad de Pensilvania, el conjunto de tentaciones es una forma de combinar las necesidades personales presentes y futuras al hacer que las recompensas sean más inmediatas. Te das una gratificación instantánea en el presente y al mismo tiempo logras metas que beneficien a tu yo futuro a largo plazo. En nuestro contexto, esto satisface simultáneamente tanto al sistema límbico como a la corteza prefrontal.

Es más simple de lo que parece. Si tu objetivo es satisfacer tus dos yo (presente y futuro), piensa en lo que eso requeriría. El yo del futuro quiere que te arremangues y te ocupes de los negocios para lograr una buena posición más adelante. Sin embargo, el yo del presente quiere el hedonismo y disfrutar del momento.

Entonces, piensa en comer comida chatarra mientras trabajas, o en trabajar mientras miras la televisión, o en sumergirse en un baño de espuma mientras haces la tarea convenida. Todos estos son ejemplos de cómo hacer que el largo plazo se sienta tan bien como el presente. Esa es la esencia del conjunto de tentaciones.

Combina una tentación (placer actual) con una actividad desagradable (algo que de otro modo postergarías y que tu yo futuro estaría encantado de evitar), y obtendrás lo mejor de ambos mundos.

No hay necesidad de sufrir en el presente para hacer algo por su yo futuro; si sufres, perderás toda motivación y procrastinarás. Así que encuentra formas de combinar tus tentaciones con tus metas a largo plazo. En otras palabras, combina tus obligaciones con recompensas instantáneas.

Milkman descubrió que hasta el 51% de los participantes de su estudio estaban dispuestos a intentar trabajar con conjuntos de tentaciones. Es un medio eficaz para corregir los hábitos de procrastinación. Debes hacer una lista con dos columnas, en una van tus placeres o tentaciones, y en la otra las cosas que debes hacer por tu yo futuro. Luego, debes descubrir formas creativas de vincular armónicamente esas dos columnas en conflicto.

Supón que te gustan el chocolate, el surf y el fútbol. Pero el trabajo, el estudio y las lecciones de piano se interponen en tu camino.

Chocolate	Estudio
Surf	Trabajo
Fútbol	Piano

¿Cómo podrías combinar todas estas cosas para hacer que lo no tan agradable sea más tolerable? Existen al menos nueve combinaciones posibles entre estos elementos y nueve formas diferentes de agrupar las tentaciones. ¿Cómo combinarías el chocolate con el estudio, el fútbol con el trabajo y el surf con las lecciones de piano? No lleva mucho tiempo imaginar cómo podrías sobornarte a ti mismo para hacer exactamente lo que deseas hacer. Con suerte, tu tentación no traerá perjuicios a tu trabajo, como recompensarte con una golosina por ir al gimnasio, pero a veces vale la pena dar dos pasos hacia adelante y uno hacia atrás.

Todo lo que debes hacer es sobornarte estratégicamente. Es simple, y también puede funcionar de manera opuesta, repartiendo pequeños castigos ante la ausencia de acción. Dicho esto, la negatividad tiende a ser un factor motivador poderoso. Por ejemplo, puedes combinar el no estudiar con el castigo de no comer chocolate, o impidiéndote ir a surfear al día siguiente.

La matriz de Eisenhower

Una última forma para deshacernos de la procrastinación es comprendiendo qué deberíamos estar haciendo en el momento actual.

Muchas cosas pueden parecer urgentes y demandar ser resueltas tan pronto como sea humanamente posible, amenazando con producir consecuencias horribles si no se actúa personalmente. Casi todas son falsas alarmas y, por lo tanto, te impiden seguir adelante.

El error es creer que «importante» y «urgente» son sinónimos, y no darse cuenta del enorme abismo que separa estos dos términos. Debemos aprender a asignarles su correspondiente prioridad. Dedicamos demasiado tiempo a tareas urgentes cuando deberíamos centrarnos en tareas importantes.

- **Tareas importantes**

Las tareas importantes contribuyen directamente a nuestros objetivos a corto o largo plazo. Son absolutamente imprescindibles para nuestro trabajo, responsabilidades o vidas. No se pueden omitir y deben priorizarse. Quizás no requieran der realizadas de inmediato y quizás por ello no parezcan ser importantes. Esto hace que sea fácil caer en la trampa de ignorar lo importante y confundirlo con lo urgente. Pero son estas las tareas que realmente impactan en los resultados finales y, cuando son omitidas, producen graves repercusiones.

- **Tareas urgentes**

Las tareas urgentes simplemente exigen rapidez e inmediatez, y generalmente provienen de otras personas. Por supuesto, esto naturalmente crea una reacción de nuestra parte que puede hacernos olvidar lo que es importante. Pueden superponerse con una tarea importante, pero también pueden simplemente exigir nuestra atención inmediata sin merecerla. Por lo general, son más pequeñas y más fáciles de completar, por lo que a menudo recurrimos a ellas por procrastinación, lo que nos permite sentirnos cuasi productivos a pesar de que hemos ignorado lo que realmente debemos hacer. Muchas tareas urgentes se pueden retrasar, delegar o ignorar por completo.

A modo de rápido ejemplo, si eres un escritor que cuenta con un plazo de entrega ajustado, una tarea importante sería continuar escribiendo tu libro. Debes escribir al menos 5.000 palabras por día durante las próximas dos semanas o de lo contrario comerás pan y cebolla. Podríamos llamar a esto una prioridad.

Una tarea urgente sería ocuparse de esa molesta luz roja de «revisar motor» en el tablero de tu automóvil. Tu coche probablemente sobreviva algunos viajes más, y aunque la luz roja pueda ser seductora, debes resistirte a ella, porque es algo urgente disfrazándose de importante.

Por lo general, encontrarás que las actividades o proyectos importantes no contienen tantas tareas urgentes, y esto tiende a causar confusión en las prioridades. Afortunadamente, existe un método probado para distinguir entre lo urgente y lo importante. El método toma su nombre de uno de los presidentes estadounidenses más célebres, Dwight D. Eisenhower. Se llama «matriz de Eisenhower» y te ayudará a priorizar e identificar lo que realmente debes hacer.

Eisenhower desarrolló un sistema que lo ayudó a clasificar sus actividades según fueran más o menos importantes, y a identificar los procesos más vitales para servir esos asuntos importantes. En otras palabras: lo importante versus lo urgente.

La matriz de Eisenhower es fácil de utilizar para cualquier persona y contribuye en gran medida a mejorar la eficiencia y la conquista los logros. Se trata de una cuadrícula simple de dos por dos dividida entre objetivos «importantes» y tareas «urgentes», como se muestra a continuación:

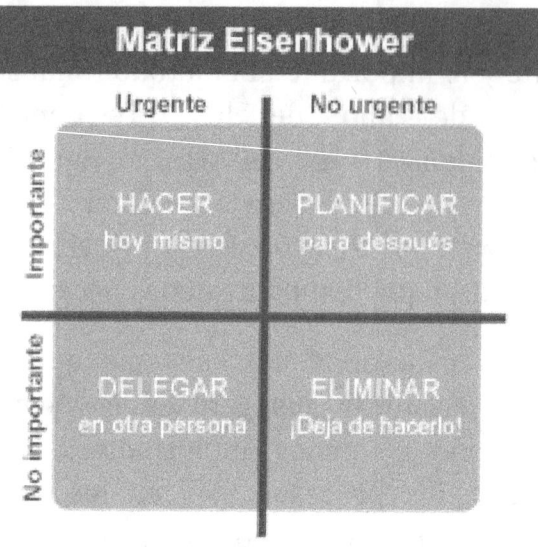

- ***Tareas importantes***

la fila superior de la matriz representa las obligaciones o responsabilidades más importantes que uno tiene en su vida. Estas son cosas que requieren nuestra atención más activa y consciente. En el trabajo, estas pueden incluir los aspectos más pertinentes de nuestras responsabilidades laborales, como supervisar un presupuesto, administrar un proyecto a largo plazo o mantener operaciones constantes. En los asuntos personales, podría significar supervisar nuestra salud (o la de nuestros seres queridos), consolidar un matrimonio, vender una casa o establecer un negocio. Las cosas que más impactan en nuestras vidas o en nuestro trabajo son las más importantes.

Sin embargo, el hecho de que algo sea extremadamente importante no significa que todas las actividades que lo respaldan deban realizarse de inmediato. Algunas pueden dejarse en un segundo plano (indefinidamente, incluso), para otras ni siquiera es oportuno su tratamiento y otras dependen de que otras personas se muevan primero. En resumen, no puedes hacerlas todas ya mismo. Aquí es donde entra la categoría de «urgente»: la fila superior de la matriz se divide en función de lo que debe suceder ahora y lo que puede postergarse (pero que debe suceder en algún momento en el futuro).

- ***Urgente: Hacer***

Las que están en el cuadrante «Hacer» son aquellas cosas que deben hacerse a toda prisa. Deben completarse para evitar consecuencias negativas o circunstancias incontrolables, y cuanto antes se hagan, menos trabajo (y más alivio) habrá en el futuro. Las tareas en «Hacer» por lo general giran en torno a fechas límite: documentos de último momento, trámites judiciales, caducidad de registros, solicitudes escolares, etc.

También incluyen emergencias o actividades que deben atenderse para evitar un desastre. Es mejor pensar en las tareas «Hacer» como actividades que deben completarse de inmediato, al final de hoy o mañana a más tardar. Causan ansiedad porque son deberes de gran esfuerzo y que temes pero debes hacer.

- ***No urgente: Planificar***

Las tareas que residen en el segundo cuadrante deben realizarse en algún momento, pero no necesariamente ahora. El mundo no se derrumbará si no se terminan hoy; no tienen una fecha límite estricta para completarse. Aun así, deben realizarse en algún momento, por lo general en breve, y por ello deben programarse. Las tareas de «Planificar» incluyen programar una reunión con un cliente importante, reparar una gotera en el techo, leer materiales de estudio o documentos de trabajo, o tareas de mantenimiento de largo plazo.

Prográmalos para después de que se apaguen los incendios. Planifícalos para el futuro cercano, pero no tan inminente como para interferir con tus tareas verdaderamente urgentes e importantes. Las tareas de «Planificar» también son componentes clave de tus planes de mediano a largo plazo: cuando estés planificando con una semana o un mes de anticipación, estas tareas deben ser incluidas en tu horario.

El riesgo de estas tareas «no urgentes» es quitarles demasiada prioridad. Son importantes para mantener a flote el funcionamiento normal y, si se descartan u olvidan, pueden convertirse en tareas de emergencia al poco tiempo. Toma el ejemplo anteriormente mencionado de la luz de «revisar motor» en tu automóvil. Yo mismo he conducido con esa luz encendida durante casi un año y no ha sucedido nada terrible, por lo que, aunque teóricamente es importante, no requiere atención urgente.

- *Tareas no importantes*

La fila inferior de la matriz de Eisenhower representa aquellas tareas que no son tan importantes para ti personalmente. Esto no significa que no sean importantes para otras personas (aunque también podría serlo), pero son actividades que podrían ser más apropiadas para que otra persona las termine. Sin duda, otras personas pueden intentar presentar esas actividades como importantes para ti, pero a menudo solo están proyectando sus propios intereses. ¿Hay algún impacto posible en ti? Mínimo, si lo hubiera. El nivel no importante también se divide por urgencia relativa.

- *Urgente: Delegar*

Quizás el cuadro más desconcertante en esta matriz sea el de «no importante pero urgente». Esto probablemente tenga más sentido en un entorno de trabajo: son aquellas tareas que deben realizarse, pero no es vital que tú mismo te encargues de ellas, incluso si pudieras hacerlo. Si las has completado por ti mismo, es posible que se impongan a los elementos «importantes» que es debes hacer ahora o más tarde.

Por las razones expuestas, los elementos de este recuadro deben eliminarse, preferiblemente delegándolos en otra persona. Si trabajas como líder de un equipo, deberías poder hallar a otra persona que se encargue de estas tareas por ti.

Las tareas «no importantes pero urgentes» se pueden identificar midiendo cuán vitales resultan para lo que está sucediendo en el momento presente. Pueden describirse generalmente como interrupciones (llamadas telefónicas, correos electrónicos o situaciones familiares en curso, por ejemplo). Durante los momentos de inactividad, puede ser importante concentrarse en todos estos aspectos, pero en este momento podrían distraerte o desviarte de lo que debes lograr para alcanzar tus objetivos generales.

Es posible que reciba correos electrónicos de atención al cliente a pesar de ser el director ejecutivo de una empresa con 100 empleados. Estos correos pueden ser quejas de clientes insatisfechos o enojados, y pueden son urgentes para muchos, excepto para ti. No tiene sentido ni importancia que tú te involucres en estas minucias diarias y, por lo tanto, debes eliminarlas de tu agenda mediante la delegación.

- ***No urgente: Eliminar***

Por último, hay actividades y funciones que no son importantes ni sensibles al tiempo. ¿Para qué están allí? Para distraerte o evitar hacer lo que tienes que hacer. Son las actividades de ocio, las redes sociales, las largas llamadas telefónicas, los pasatiempos extensos, etc. En nombre de la eficiencia y la priorización, estas cosas constituyen un peso muerto. Es posible que no las consideremos, pero es útil tenerlas presente.

Son cosas que llaman su atención por una razón u otra, y tratan de forzar una respuesta. A veces son difíciles de nombrar porque parecen insignificantes y fugaces. Pero suman (si alguna vez quieres sorprenderte y ver cuánto suman, te recomiendo instalar alguna de esas aplicaciones móviles que miden el tiempo que dedicas a iniciar sesión en actividades realmente inútiles).

Son las actividades que no debes tener en cuenta en tu planificación que solo debes realizar una vez que termines todo lo demás. Conserva únicamente los elementos que sean importantes para el éxito final de tu proyecto o tu vida. Esto no significa que nunca puedas hacerlos (y estarías equivocado si no te permitieras un poco de distracción de vez en cuando), pero cuando estés en medio de otras actividades importantes que necesitan tu atención o supervisión, quítalos completamente de tu vista. Serán más significativos y gratificantes cuando hayas terminado las tareas importantes.

El hecho de que algo parezca exigir una respuesta rápida no significa que debas darla, y el hecho de que algo esté al final de la lista, no significa que debas ignorarlo. Aprende a equilibrar ambos aspectos para tomar decisiones óptimas.

Conclusiones

- Aunque sabemos que la procrastinación está permanentemente al acecho, no siempre podemos luchar contra ella, sin importar cuán atentos estemos. Por eso, vale la pena planificar para evitarla por completo. Al menos, así tendrás muchas más posibilidades de dar batalla.

- En primer lugar, puedes utilizar el método STING, mediante el cual seleccionas una tarea, mides el tiempo, ignoras todo lo demás, no tomas descansos y te das un gusto como recompensa. Es el acto de ignorancia deliberada lo que hace que STING sea tan poderoso. Al principio parece un concepto aterrador, pero cuando decidas ocuparte de una sola cosa por vez, estarás feliz de descubrir que el mundo no se acabó por haber dejado otras cosas esperando. Puedes aplicar el método STING de manera encadenada, con descansos entre cada aplicación. Con algo suerte, se convertirá en tu nueva normalidad.

- En segundo lugar, puedes utilizar la ecuación de la procrastinación para aumentar tanto la expectativa de éxito («Puedo hacerlo») como el valor de la tarea («Vale la pena»), mientras disminuyes la impulsividad (la necesidad de hacer algo) y la demora en la recompensa (beneficio inmediato). Puedes manipular cada una de estas variables para aumentar tu motivación hacia la productividad o, al menos, reconocer qué factores podrías estar ignorando.

- En tercer lugar, puedes agrupar las tentaciones. Esto significa satisfacer simultáneamente a tu hedonista yo del presente y al prudente yo del futuro. Haz felices a ambos al mismo tiempo combinando tareas desagradables (yo futuro) con placeres inmediatos (yo presente). Puedes crear una situación en la que ambos se sientan satisfechos, y también puedes hacerlo en el sentido contrario, repartiendo pequeños castigos para ti mismo cuando no hagas lo que debes hacer.

- Por último, puedes utilizar la matriz de Eisenhower para distinguir entre tareas urgentes e importantes. Estas pueden superponerse de vez en cuando, pero si estás procrastinando es porque te enfocas demasiado en lo urgente en detrimento de lo importante.

Capítulo 6: Estructurarse contra la procrastinación

«Mañana suele ser el día más ocupado de la semana.»
Anónimo

La procrastinación puede ser como un ninja que se acerca sigilosamente y nos roba el día entero sin darnos cuenta. ¿Cómo evitarlo?

Una de las principales estrategias que puede emplear es estructurar tu día y tu horario con el objetivo de vencer la procrastinación antes de que ella te asalte. Programarte contra la procrastinación puede que no siempre funcione, pero al menos te brinda una guía para actuar. Hay varias formas de hacerlo: (1) no teniendo más «Días Cero», (2) empleando técnicas de autointerrogación, (3) organizando un horario y (4) limitando el consumo de información.

No tengas más «Días Cero»

Un día cero es aquél que dejas escapar sin haber hecho nada para lograr tu objetivo. Este concepto también puede aplicarse a una semana, una hora o cualquier otro segmento de tiempo (por ejemplo, un año cero sería una especie de año sabático, aquel durante el cual hibernaste desde el primero al último día).

El concepto de día cero simplifica el seguimiento de tu progreso en el trabajo hacia la finalización de la tarea o el logro de tu meta. Piensa en la vida en términos binarios: o está haciendo algo («1») o no estás haciendo nada («0»). Procura encadenar secuencias de unos en lugar de ceros. Hazlo en blanco y negro, sin grises. En otras palabras, asegúrate de hacer algo todos los días que te acerque más a tu objetivo.

Piensa en la frase «un centímetro más cerca». La idea de no tener más días cero no significa que debas encararlos como si cada uno de ellos te depararan nuevos caminos o pudieran catapultarte al éxito inmediato. Este pensamiento es lo que intimida o asusta a la mayoría de las personas y les impide avanzar hacia sus objetivos. Creen que tienen que agotarse con tareas enormes y significativas todos los días porque suponen que yendo de a poco no llegarán lejos.

Finalmente, abrumados por la idea de tener que comenzar con una gran tarea, procrastinan e hilvanan una cadena de ceros. Una vez que acumulan dos o tres días cero, les resulta más fácil dejar que los ceros se sigan encadenando el resto de los días. Piensan: «Pues, ya que he dejado de ir al gimnasio durante tres días, ¿de qué sirve volver a ir?». Entonces dejan de ir al gimnasio definitivamente.

Otros pueden pensar: «Debo terminar de escribir un capítulo completo hoy mismo. ¿Qué sentido tiene sentarse a escribir solo dos oraciones?». Luego, intimidados por la idea de tener que completar un capítulo entero de una sola vez, simplemente procrastinan y acaban el día sin escribir una sola palabra.

En lugar de ver cada día como un 10 (tarea completada) o como un 0 (sin realizar ningún trabajo), reemplaza la meta del 10 por la del 1 («Hice algo»). No importa cuán pequeña sea la parte de la tarea que hayas logrado hacer durante el día; solo importa que al menos hayas hecho algo.

Date un 1 por día. Esfuérzate por eliminar los 0 de tu calendario, pero aun si flaqueas y obtienes un 0 un día, no te desanimes. Recupera al día siguiente con otro 1. Cuando adquieras el hábito de hacer algo todos los días para alcanzar tu objetivo, el número de ceros en tu plan comenzará a disminuir hasta desaparecer al fin.

Por ejemplo, supongamos que debes un artículo de investigación de cinco capítulos en el transcurso de cinco meses. Trata de completar al menos un capítulo al mes y comprometerte a conseguir una serie de valores distintos de cero cada mes. Esto significa que todos los días debes escribir algo o hacer algo relacionado con tu trabajo de investigación. Algunos días puedes sentirte como una máquina productora de ideas y anotar muchas perspectivas creativas en relación al tema que investigas. Otros días, en cambio, puedes sentirte desmotivado, pero aun así leer algún párrafo de algún texto relacionado con tu tema. Lo que importa es evitar incurrir en días cero. También podría ayudarte a motivarte si te recompensas al final de cada mes que hayas logrado pasar sin incurrir en ceros.

Otro ejemplo es establecer una política de «Sin ceros antes del almuerzo». Esto significa que debes lograr al menos hacer algo en tu camino hacia tu meta antes de almorzar. Ese objetivo a cumplir o esa tarea a concretar puede ser algo simple, como escanear documentos, o más compleja, como validar el software a utilizar más adelante. Una vez más, lo importante es hacer algo, ya sea grande o pequeño. Es una forma de romper con la inercia que te hace sentir cómodo cuando procrastinas.

Puedes aplicar la política de «Sin ceros» a un rango determinado de tiempo, desde un lapso de horas hasta años. Puedes optar por comprometerte a cumplir con una «hora sin ceros», un «día sin ceros», o una «semana sin ceros», por ejemplo. Lo importante es que, sea cual fuera el segmento de tiempo que establezcas, te asegures de que dentro de ese lapso harás algo que te acerque a completar tu tarea.

Emplea técnicas de autointerrogación

La próxima vez que oigas que una seductora voz en tu cabeza te sugiere abandonar tu trabajo y hacer algo más divertido, ¿sabes lo que debes hacer? En lugar de tratar de ahogarla con argumentos (o improperios, si te hace sentir especialmente frustrado), Peter Banerjea sugiere una solución más creativa y efectiva: hazle una pregunta.

Hay al menos cuatro preguntas que puedes tener preparadas para ayudarte a superar la procrastinación la próxima vez que te moleste.

Primero, puedes preguntarte: «¿Qué puedo hacer para comenzar?».

A veces, sencillamente procrastinas porque no sabes por dónde empezar. Hacerte esta pregunta te ayuda a recordar o entender que la gran tarea que tienes frente a ti se puede dividir en subtareas más pequeñas, de las cuales puedes seleccionar una sola para comenzar.

Por ejemplo, si sueles intentar convencerte de que necesitas un plan publicitario para tu producto, es más probable que procrastines porque aún no puedes visualizar las unidades de acción más pequeñas factibles de concretar para lograr un plan o tarea tan grande. Para remediar esto, pregúntate cuál es el paso más básico y pequeño posible que puedes hacer para comenzar. Quizás así te des cuenta de que primero debes definir tu mercado objetivo, y el primer pequeño paso para hacerlo es obtener un perfil a partir de tu base actual de clientes. Así, habrás has definido una sola tarea concreta hacia la que dirigir toda tu energía, en lugar de vacilar, confundido, hasta sentir la tentación de procrastinar. Todo lo grande comienza con un pequeño paso: encuentra tu pequeño paso y gana impulso.

En segundo lugar, intenta responder: «¿Cuáles son mis tres prioridades más importantes para hoy?».

Al igual que sucede con la primera pregunta, la procrastinación puede ser el resultado de no saber qué hacer debido a la abrumadora cantidad de tareas que se tiene por delante. Al pedirte a ti mismo definir tus principales prioridades, puedes concentrar tu enfoque y abordar actividades específicas. Asimismo, puedes recordarte lo que es realmente esencial hacer durante ese día y, al hacerlo, podrás detectar mejor las distracciones y así evadirlas. Mantener tus prioridades en el centro asegura que tu atención se concentre en tus tareas previstas y no en actividades superfluas.

Supongamos que estás inundado de tareas por hacer justo en el momento en que la empresa se prepara para celebrar su décimo aniversario de fundación. En lugar de huir de esa escena que te causa una profunda ansiedad, pídete a ti mismo nombrar tres cosas que debes hacer sí o sí durante el día. Por ejemplo, escribir la lista de invitados, elegir un motivo decorativo y elegir un servicio de catering.

En tercer lugar, pregúntate: «¿Cómo puedo hacer que sea más fácil?».

Según S. J. Scott, experto en desarrollo de hábitos, comprometerse con algo fácil y accesible es una de las mejores formas de comenzar a desarrollar un nuevo hábito. Por ello, antes de asumir objetivos grandes, evalúa si primero puedes incorporar a tu agenda pequeñas porciones, como si fueran bocados. Hazlo lo más fácil posible y dentro del orden de tu día. Al mismo tiempo, hazlo difícil de no cumplir.

Por ejemplo, es probable que leer 52 libros al año te resulte una meta abrumadora. Antes de comenzar a leer, pregúntate cómo incorporar la lectura en tu vida diaria de manera accesible. Puedes comenzar con un objetivo de cinco páginas por noche antes de ir a dormir, y luego ir aumentando gradualmente el número de páginas y las horas diarias dedicadas a la lectura.

Puedes descargar libros digitales en tu teléfono y colocar los libros impresos encima de tus zapatos para que resulte imposible evitarlos. También puedes establecer reglas para no ver televisión ni navegar en Internet antes de leer. De esa manera, te condicionas para adquirir un hábito más manejable antes de sentirte abrumado por la idea de leer un libro entero.

Finalmente, en cuarto lugar, pregúntate: «¿Qué podría salir mal si no hiciera esto ahora?».

De vez en cuando, piensa en el peor de los escenarios posibles. Hacer esta pregunta te ayudará a poner las cosas en perspectiva, especialmente en cuanto a cómo la procrastinación habitual puede afectar negativamente tu carrera y tu vida personal. Quizás infundirte temor no sea la experiencia emocional más positiva, sin embargo, sí puede generar resultados positivos.

Al pensar en cómo la procrastinación podría arruinar un sinnúmero de cosas en tu vida, te sentirá más motivado para comenzar y continuar hasta haber terminado y alcanzado tu objetivo. Al crear miedo en ti mismo, te sacudes la modorra para despabilarte y ponerte en marcha.

Por ejemplo, puede que quieras procrastinar esa presentación de venta que tienes que entregar a ese cliente potencial. Para superar tu impulso a procrastinar, analiza lo que podría salir mal si no te pones a trabajar ahora mismo. Realmente, las posibles consecuencias podrían desatarse como una espiral de eventos desafortunados. Si te das poco tiempo para prepararte adecuadamente, seguramente harás una presentación horrible. Luego, podrías perder el cliente, a continuación el apoyo de tus colegas, y finalmente la confianza de tu jefe. Todo esto puede conducir a que nunca más te confíen tareas importantes, lo que arruinaría tu potencial de crecimiento profesional e incluso la solidez de tu puesto de trabajo. Si consideras cómo una sola presentación puede fortalecer o derribar tu carrera, sentirás una motivación más fuerte para evitar procrastinar.

Organiza tu horario

¿Cómo es tu jornada laboral típica? ¿Llegas a la oficina con una idea clara de las tareas a realizar y de los recursos, materiales o herramientas que necesitarás, y en qué momento las necesitarás? ¿O simplemente improvisas a lo largo del día, haciendo la tarea que más te llama la atención en el momento o esperando que otros te guíen para saber qué hacer?

Si respondiste que sí a esto último, es hora de hacer un cambio profundo. La ciencia de la productividad y la eficiencia en el trabajo indica que tener un horario funciona mucho mejor que improvisar.

El British Journal of Health Psychology publicó un estudio en el que se evaluó a alrededor de 250 adultos en cuanto a su motivación para hacer ejercicio físico. El total de los sujetos de estudio se dividió en tres grupos, y a todos se les solicitó que llevaran un registro de la frecuencia con la que se ejercitaban en el transcurso de dos semanas, pero a cada uno se le asignaron diferentes condiciones: (1) al grupo de control se le pidió que leyera algunos renglones de un libro cualquiera; (2) el Grupo A (motivación) recibió un folleto que explicaba cómo el ejercicio físico disminuye el riesgo de sufrir una afección cardíaca; mientras que (3) el Grupo B (intención) recibió el mismo trato que el Grupo A, con la instrucción adicional de establecer un programa de ejercicio detallado en el transcurso de dos semanas. El Grupo B estableció cuándo harían ejercicio, cuánto duraría cada entrenamiento y dónde estos se llevarían a cabo.

El resultado: mientras que solo el 35% del Grupo A terminó haciendo ejercicio una vez a la semana, el 91% del Grupo B (los que programaron su ejercicio) pudieron realizar dicha rutina. Esto demuestra cómo la organización de un horario puede mejorar drásticamente tu probabilidad de cumplir con las tareas en relación a una meta. Entonces, si organizar un horario es tan útil, ¿cómo puedes hacerlo?

La organización de un horario implica identificar una serie de elementos. En primer lugar, las tareas a realizar. En segundo lugar, el momento en que realizar cada tarea. Asigna un período de tiempo específico (por ejemplo, de 8:30 a 9:30 am) en lugar de utilizar expresiones vagas como «en algún momento de la mañana».

En tercer lugar, identifica las herramientas y los recursos que necesitarás para llevar a cabo la tarea, de modo de poder prepararlos de antemano. En cuarto lugar, establece el lugar física donde realizarás cada tarea. De esta manera, sabrás exactamente a dónde dirigirte cuando llegue la hora programada. Finalmente, elabora un plan de respaldo en caso de no realizar la tarea en el momento programado.

Escribe todos estos detalles en una hoja de papel y ponla en algún lugar donde siempre puedas verla, como un recordatorio a la mano de cómo se supone que debes ser tu día.

Organizar un horario te ayudará a comenzar el día sabiendo lo que debes hacer y cuándo hacerlo, para que ni siquiera tengas que gastar energía ni fuerza de voluntad pensando amargamente en qué tarea es más importante realizar. Un horario te permite contar con una guía clara de tiempo y acción: a cada período de tiempo en particular le corresponde una acción específica. De ese modo, podrás pasar de una tarea a otra sin problemas y de manera eficiente a lo largo del día.

Nuevamente, la ausencia de tiempo de inactividad para el pensamiento constructivo te ayudará.

La organización de un horario también te permite visualizar las actividades para entender en qué espacios de tiempo dentro del día puedes insertar otras actividades. Por ejemplo, si sabes que tienes una reunión de 10 a 11 am., a la vez sabes que el espacio de 8 a 10 am. está libre y puedes utilizarlo para realizar alguna otra tarea. Entonces, para maximizar tu mañana, puedes programar una tarea que calcules que te llevará aproximadamente dos horas para insertar en ese intervalo de tiempo.

Organizando tu horario, también puedes apreciar con mayor claridad cuánto tiempo dedicar a cada tarea. Evitarás procrastinar al darte cuenta de que existe el peligro de que la finalización de una tarea sobrepase su límite horario establecido y perjudique a la tarea siguiente, poniendo en peligro la totalidad del horario.

Puedes ir un paso más allá de la mera organización horaria y comprometerte a vivir tu vida de acuerdo a tu calendario. Una semana tiene 168 horas, y una vez que completes tu calendario, sabrás exactamente lo que debes hacer en cada momento. Es posible que esto te impulse a trabajar más rápido y de manera más eficiente y a evitar las distracciones en pos de mantenerte al día con tu horario.

Limita el consumo de información

Sucede todo el tiempo: estás sentado tratando de leer un poco, y cuando miras el reloj, han pasado horas. Perder la noción del tiempo es genial si estás siendo productivo, pero leer solo es productivo cuando agrega valor real a nuestras vidas. ¡Y la mayoría de las veces no es así!

El consumo de información casi siempre es considerado un valor positivo. Es lo que suponemos que subyace a la educación y a la inteligencia, y en particular la lectura se considera una forma superior, en relación a otras maneras más pasivas de consumir medios.

Es fácil sentir que estamos siendo productivos al leer, cuando en realidad solo estamos perdiendo el tiempo de una manera un poco más intelectual que viendo Game of Thrones. Cuando justificamos nuestro consumo de información de esta manera, lo que en verdad estamos haciendo es justificar nuestra procrastinación. Usamos la información como herramienta para procrastinar. Recupera su tiempo perdido y comienza con una dieta de información.

Una dieta informativa no se refiere a tener menos educación o eliminar la lectura por placer; se trata de considerar cuáles son nuestros objetivos finales y si inconscientemente estamos haciendo algo beneficioso o perjudicial para esos objetivos. Somos absorbidos por la información con demasiada frecuencia y facilidad, por lo que debes poner límites con el fin de mantener tu ánimo de trabajo.

Pero, ¿cómo decidir qué información vale la pena consumir y qué deberíamos descartar? ¿Cómo sabemos qué información está consumiendo nuestro tiempo? Empieza por analizar honestamente cómo empleas tu tiempo. Puedes hacerlo siguiendo los pasos a continuación:

1. Analiza tu consumo de información.

2. Elimina al menos el 50% de la información menos valiosa y elimina el ruido de tu dieta de información.

3. Considera las descripciones de cada pieza informativa como un anticipo para evaluar a qué dedicar tu tiempo y atención.

4. Aprende a decir «No» más a menudo.

5. Considera eliminar de tu vida fuentes completas de información.

6. Supervisa la cantidad de información que consumes de cualquier fuente.

Durante una semana, haz una lista de todos los tipos de medios que consumes, desde los libros hasta las noticias en Facebook.

Es importante saber exactamente a dónde va tu tiempo para poder hacer recortes. Te sorprenderá saber cuántas horas al día dedicas a desplazarte por la tira de noticias de tus redes sociales o leyendo los últimos bestseller. No importa lo que estés consumiendo cuando comiences este proceso, lo que importa es identificar a dónde va tu tiempo, para de ese modo poder redirigirlo hacia las actividades que debes realizar.

Una vez que hagas tu lista, verás muchos medios diferentes. Redes sociales, libros, revistas, programas de televisión y *podcasts*, entre otros. Algunos son realmente valiosos, pues te ayudan a ser más creativo, te producen alegría, te hacen mejor y también mejoran tu vida, te ayudan en tu trabajo o constituyen una fuente valiosa y necesaria para progresar y crecer. No todo tiene que ser grandilocuente o intelectual; disfrutar genuinamente de un programa de televisión o cualquier otro medio o producto, puede ser suficiente razón para conservarlo en tu vida.

Pero también verás que algunos de esos medios son inútiles y solo te mantienen atado a la inacción. Encontrarás muchos elementos que no elegiste ver o leer de forma activa, sino que estaban ahí, frente a ti, y los consumiste en piloto automático. El piloto automático como consumo inconsciente es el verdadero enemigo. Esto es lo que sucede, por ejemplo, cuando caemos en la intrincada madriguera de Wikipedia y terminamos leyendo sobre el tallado en madera en el siglo XVII cuando solo estábamos buscando aprender sobre una figura histórica en particular. Te darás cuenta de que debes eliminar algo de la lista cuando entiendas que eso no tiene ninguna utilidad práctica. Lo único importante es la información que puedas aplicar de manera inmediata a tu vida.

La información de cultura general o «por si acaso» puede ser útil, pero la mayoría de las veces no debería ubicar el centro de tu atención. Es como ponerse a investigar qué ropa usarás cuando pierdas 20 kilos de peso. Puede ser una preocupación legítima, pero no es necesario ponerse con ello en este momento.

Mucha de la información que estés consumiendo puede ser totalmente inútil: ni la disfrutas, ni te aporta datos que puedan aplicarse para mejorar tu vida. Solo se puso frente a ti y la consumiste sin darte cuenta. Son las cajas de cereales, los anuncios publicitarios o las noticias de entretenimiento superfluas que si bien son lo suficientemente entretenidas como para absorbernos, a la vez no tienen la menor sustancia.

Cuando elimines el 50% de los medios menos útiles que consumes, tendrás mucho más tiempo libre para dedicarlo a las cosas que ha estado procrastinando. Eso es mucho mejor que perder el tiempo hojeando publicaciones o viendo un programa que no te importa. Esto en sí mismo no es una cura para la procrastinación, pero ayuda cuando estás en la bifurcación del camino, y si una distracción no está tan al alcance, será un obstáculo menos para trabajar.

Ayuda considerar la televisión, los libros, las revistas o los *podcasts* como si fueran anticipos para evaluar si dedicarles tiempo y atención. Ambos elementos son finitos, y todo lo que consumimos a su vez consume nuestro tiempo y energía. Además, no podemos producir al mismo tiempo que consumimos. Es imposible hacer ambas cosas a la vez.

En este punto, debería resultar obvio entender que estar entretenido o incluso instruirse no nos es gratuito, aunque no gastemos dinero en ello. Aunque estas cosas sean gratis, no dejan de tener un costo para tu trabajo y tu productividad.

Por todo lo expuesto, es muy importante elegir en qué gastar nuestro tiempo y ser especialmente cuidadosos antes de dejar que algo nuevo nos llame la atención. Antes de ver o leer cualquier cosa, aunque supongas que te gustará, lee o escucha una breve descripción y analiza si ese medio merecerá tu tiempo. También puedes efectuar este proceso con medios que ya conoces, recordándote conscientemente lo que va a encontrar antes de cargar un sitio web o sentarte a ver una película. Lo importante aquí es la conciencia. Cuando logremos entender el costo de malgastar nuestro tiempo en entretenimiento pobre, será mucho menos probable que decidamos complacernos y perder el tiempo con él.

Además de considerar el costo inherente de consumir información, existe una forma mucho más sencilla de cambiar nuestros hábitos: comprometernos a decir «No». La mera decisión de dejar de dedicar cierta cantidad de nuestro tiempo a los medios de comunicación, digamos tres veces por semana, puede cambiar radicalmente la forma en que interactuamos con el mundo.

Sin establecer límites de manera consciente, es fácil creer que mantenerse al día con los amigos en las redes sociales es una obligación, o sentir que debemos terminar de ver el programa de televisión que nos gusta, pero absolutamente nada de eso es obligatorio. Siempre podemos y debemos controlar nuestra acción. Siempre podemos decir que no.

Al filtrar las cosas en tu vida y evitar que te quiten tu autonomía, evalúa qué medios te brindan información de bajo valor, pues es frecuente regresar al mismo medio una y otra vez. Cuando notamos este patrón, vale la pena considerar eliminar todo el medio de nuestras vidas. Ya sea deshaciéndote de la televisión por cable por completo, apostando por una vida sin redes sociales o decidiendo pasar menos tiempo leyendo *bestsellers*, hacer un cambio decisivo puede evitar la necesidad de decir no una y otra vez.

La manera en que nos relajamos en no tener que verificar nuestras fuentes de información en la era moderna es fenomenal. No solo nos libera de dedicar tiempo a crear o a pasar tiempo con nuestros seres queridos, sino que también elimina la presión de nuestros hombros. Y si has seleccionado tu medio de manera adecuada, doblemente mejor.

Finalmente, considera cuánto tiempo estás dedicando a todas las formas restantes de medios que consumes. ¿Cuánto tiempo te dedica a la televisión, a la lectura, a escuchar *podcasts* o a navegar por internet?

Si pasas demasiado tiempo en un solo lugar, es probable que lo estés haciendo de manera automática y no porque realmente lo estés disfrutando. Reducir el tiempo que pasas en esos lugares puede darte más tiempo hacer y disfrutar las cosas verdaderamente buenas de la vida.

Aprender a recortar la atención nos permite enfocarnos en la información que nos ayuda a crecer, aprender y prosperar. Afortunadamente, el proceso de reducir el ruido de los medios se puede abordar de muchas maneras, lo que permite que cualquier persona pueda realizar cambios, sean pequeños o grandes, en sus respectivas rutinas.

Una vez que hayas logrado establecer una rutina nueva más consciente, será mucho más fácil encontrar el tiempo para dedicarte a las personas y las cosas que realmente amas, y terminar esas tareas que de otro modo estaríamos dejando de lado. Esto es mucho mejor que sentirnos constantemente estresados ante el trabajo que estamos evitando.

Conclusiones

- Este capítulo trata sobre cómo estructurar tu día para evitar la procrastinación. ¿Estos ejercicios funcionan todo el tiempo, todos los días? No, pero existen muchas más probabilidades de éxito cuando se realizan estos ejercicios que cuando no se realizan. La procrastinación te asalta cuando tienes tiempo libre y cuando no estás del todo compenetrado con el trabajo. La organización y la estructuración evitan esto tomando el control y quitándote el peso de la decisión.

- El primer paso en la organización es planificar el horario y la estructura de cada día. Comprométete a no tener más «Días Cero», esos días que dejamos pasar sin hacer nada para lograr nuestro objetivo. En vez de días, también podemos hablar de horas, semanas o minutos cero. En cualquier caso, tener la intención de hacer algo útil en cualquier segmento de tiempo que determinemos nos ayudará a evitar la procrastinación.

- La autointerrogación también puede ayudarte cuando estés a punto de procrastinar. Al formularte una serie de preguntas, puedes dar un paso y romper la inercia. Las preguntas son las siguientes: ¿Qué puedo hacer para comenzar?, ¿Cuáles son mis tres prioridades más importantes para hoy?, ¿Cómo puedo hacer que sea más fácil? y ¿Qué podría salir mal si no hiciera esto ahora?

- Organizarlo todo en tu agenda de verdad funciona, pues te permite comprender visualmente lo que debe hacerse. Este efecto se puede mejorar aún más si programas, junto con la tarea en sí, dónde y cuándo la realizarás, y qué recursos necesitarás. Cuantos más detalles, mejor. Puedes llevar esto un paso más allá organizando la totalidad de tus 168 horas semanales.

- Finalmente, puedes limitar tu consumo de información. Muy poco de lo que consumimos es útil o relevante. La mayor parte se consume inconscientemente, sin que nos demos cuenta de que estamos gastando nuestro tiempo y esfuerzo. Cultiva la autoconciencia, controla tu consumo y reduce tus fuentes de información para poder dedicar tu energía, que es un recurso limitado, al trabajo y la acción.

Capítulo 7. Sacúdete la modorra

«La única diferencia entre el éxito y el fracaso es la capacidad de actuar.»
Alexander Graham Bell

El objetivo de este capítulo es aprender sobre uno de los mayores enemigos de la procrastinación: el momento inmediato. Ya sabemos que la procrastinación es un demonio que acecha sobre nuestros y nos intenta seducir con la idea de postergar lo que debemos hacer para otro momento, y luego para más adelante, y más adelante, y más... Bien, estoy seguro de que entiendes la idea.

¿Qué es lo que nos hace pensar que diciendo «Lo haré más tarde» haremos desaparecer el demonio para siempre? Este capítulo tiene como objetivo aprender a comenzar, como una forma de romper la inercia.

La regla 40-70

¿Es posible estar demasiado preparado? ¿Es eso lo que te hace procrastinar?

El ex Secretario de Estado de los Estados Unidos, Colin Powell, tiene una regla general acerca de cómo llegar al momento de la acción. Afirma que cada vez que se enfrenta una decisión difícil, se debe tener menos el 40% y no más del 70% de la información requerida para tomar la decisión. Al estar dentro de ese rango, se cuenta con la suficiente información para tomar una decisión informada, pero no tanta como para perder la determinación y decidir mantenerse al margen de la situación.

Si se tiene menos del 40% de la información necesaria, se actuará sin conocimiento suficiente como para avanzar y por ello es probable que se cometan muchos errores. Por el contrario, si se buscan más datos hasta superar el 70% de lo que se necesita (al mismo tiempo, es poco probable que realmente se necesite más que eso), podríamos sentirnos abrumados e inseguros. También es posible que en ese punto la oportunidad haya pasado de largo y que otro haya tomado la decisión de comenzar, trayendo como resultado nuestra derrota.

Ésta es la zona de la procrastinación: deseas contar con el 100% de la información y, aunque eso nunca es verdaderamente factible, es una zona de confort.

En cambio, en este margen óptimo ubicado entre el 40% y el 70% ya cuentas con lo suficiente para comenzar y dejar que tu intuición guíe tus decisiones. Según Powell, aquí es donde se forman los verdaderos líderes, aquellas personas con instintos bien direccionados, capaces de conducir sus empresas al éxito. Este es el momento en el que debes luchar contra la procrastinación antes de que sea demasiado tarde. Podrías sentirte algo inseguro o falto de confianza, lo que es natural y negarlo sería poco realista. Pero los objetivos solo se alcanzan si se comienza a trabajar por ellos en algún momento.

Podemos reemplazar la palabra «información» con otros motivadores: 40-70% de experiencia, 40-70% de lectura o aprendizaje, 40-70% de confianza o 40-70% de planificación. Al actuar, aprendemos, ganamos confianza y cobramos impulso.

Cuando intentas obtener más del 70% de la información (o la confianza, la experiencia, etc.), tu falta de velocidad puede contrarrestar tu impulso o frenar tu interés, lo que significa que no sucederá nada.

Existe una alta probabilidad de no obtener nada en caso de superar este umbral.

Por ejemplo, supongamos que estás abriendo un bar, lo que implica comprar muchos tipos diferentes de licor. Esperarás hasta tener el 100% de los licores antes de abrir. No puedes esperar tener absolutamente todo el licor que disponible antes de abrir las puertas de tu bar. Es imposible poder servir cualquier bebida que pida un cliente. En cambio, aplicando esta regla, esperarás hasta tener al menos el 40% del inventario disponible. Esto te daría impulso para comenzar. Con más de la mitad de lo que necesitas, estarías en muy buenas condiciones para abrir. Quizás no puedas preparar absolutamente todas las bebidas que te pidan, pero será suficiente para cubrir las bebidas básicas y un par de variaciones extra. Si tienes entre un 50% y un 60% del inventario, estarás más que preparado, y cuando llegue el licor restante, ya estarás en acción y podrás incorporar lo nuevo a tu oferta. Por el contrario, si esperas hasta tener el 70% o más de todo el licor que crees necesitar, podrías verte atrapado en posición neutral, esto es, detenido, por más tiempo del deseado y así perder el impulso.

Esta forma de pensar es efectiva en promover la acción. Esperar hasta tener el 40% de lo que se necesita para hacer un movimiento no es una forma de mantenerse dentro de la zona de confort, sino que se está planificando activamente lo que se necesita hacer para salir, para dar el primer paso, lo cual está bien, siempre que no se trate de una planificación excesiva.

Pequeños Pasos

Muy pocas personas quieren ir a trabajar cuando está lloviendo a cántaros. Esa imagen constituye una carga mental enorme y difícil de superar. Tu único paraguas está roto, te empaparás de pies a cabeza y tus zapatos se arruinarán. La escena completa es una carga tan pesada que no te dejará levantarte de la cama, ni siquiera pensar en hacer los movimientos para comenzar a vestirte. Te sientes derrotado antes de empezar.

Pues un día lluvioso puede ser parecido a intentar ser productivo.

Enfrentarse a tareas enormes que parecen insuperables es como mirar la lluvia a través de la ventana. Un obstáculo que parece imposible de superar, una misión sin sentido. Arrastramos los pies con desánimo y nos quejamos amargamente de nuestra suerte todo el tiempo.

Pero esa es una forma incorrecta de ver las cosas.

Una sola gran tarea, como «terminar el informe de 200 páginas», ciertamente puede parecer imposible. Pero, ¿qué pasaría si dividieras esa tarea monumental en tareas pequeñas, individuales y fáciles en las que pudieras comenzar a trabajar de inmediato? Por ejemplo, preparar la plantilla, encontrar las tres primeras fuentes, crear una bibliografía, redactar las primeras 500 palabras del primer capítulo, etc. Incluso, puede ser mucho más pequeño todavía: elegir la tipografía, escribir los títulos de cada capítulo, organizar el escritorio de trabajo, crear un documento nuevo o escribir solo una oración. Cuanto más pequeño, mejor; de lo contrario, comenzarás cada día mirando el equivalente a un día lluvioso. Tu fin es comenzar con tareas con las que apenas sientas que estás haciendo algo.

Uno de los mayores obstáculos para la productividad es considerar las tareas como montañas enormes e insondables. Resulta intimidante y desalentador, y ante esas emociones es fácil procrastinar, pues escalar una montaña es algo difícil de lo que convencernos. Desafortunadamente, este es un hábito que afecta a la mayoría de las personas. Solo ven rocas enormes y se dejan desviar emocionalmente.

Divide tus tareas grandes en tareas más pequeñas, y sigue haciéndolo hasta que las tareas que tengas delante sean tan fáciles que puedas hacerlas en unos pocos minutos. Crea piezas pequeñas y manejables que sean psicológicamente aceptables y gratificantes, y de ese modo aumentarás tu producción al instante. Haz que tu lista de tareas pendientes sea lo más larga y articulada posible, con tantas tareas pequeñas como puedas enumerar. Una pequeña piedra es algo que puedes coger al instante, sin esfuerzo y casi sin pensar.

La productividad no existe sin acción, y la acción es mucho más fácil con algo simple. Los pequeños pasos pueden llevarte a la cima de la montaña y permitirle rodar por el otro lado para tomar impulso. Te ayudan a romper la inercia que te lleva a la pasividad y la inacción.

Tomemos como ejemplo algo con lo que todos podemos identificarnos: hacer ejercicio físico. Nuestro objetivo es perder 40 kilos, un objetivo considerable. Si vamos al gimnasio todos los días pensando en perder 40 kilos, fracasaremos. Es una meta enorme, gigantesca, una odisea. Puede parecer grandioso proclamarlo, pero será muy difícil llevarlo a la práctica. No veremos mucho progreso diario, ni siquiera semanalmente, y nos desanimaremos. Es demasiado para afrontarlo de una sola vez, como el día lluvioso que mencionamos al comienzo del capítulo.

¿Qué pasaría si decidiéramos acercarnos a nuestra meta dividiéndola en pequeñas metas más manejables? Esto podría hacerse estableciendo un objetivo semanal razonable de pérdida de peso, creando objetivos diarios como comer algunos alimentos y evitar otros, beber agua cada hora, consumir 100 calorías menos por ingesta, salir a caminar después de cada comida, dejar los refrescos y las papas fritas, y comprar alimentos reducidos en calorías. Si alcanzamos nuestro objetivo semanal de pérdida de peso, será mucho más fácil mantenernos motivados y concentrados.

Cumplir con una meta semanal más pequeña nos ofrecerá una sensación de éxito, mientras que caer muy por debajo de nuestra meta total de 40 kilos solo logrará hacernos sentir desanimados, como si la tarea por delante fuera demasiado grande para lograrla. En cambio, si realizamos nuestras tareas pequeñas de manera consistente y correcta, llegaremos a nuestro objetivo general de perder 40 kilos.

Las pequeñas victorias nos alientan y motivan, y lo mismo ocurre con las tareas, la productividad y la procrastinación. No subestimes el poder de las pequeñas victorias.

Desterrar las excusas

Las personas suelen apelar a las excusas para posponer la acción y procrastinar. La mayoría de las excusas, sin embargo, son completas tonterías, ilógicas, racionalizadas y sin valor. Las excusas son nuestro inconsciente protegiéndonos de nuestros miedos. Es tu piloto automático advirtiéndote diciendo «¡Peligro! ¡Esto puede no salir bien! ¡Ponte a salvo!».

A continuación, repasemos algunas de las excusas que solemos usar para procrastinar.

Este no es el momento adecuado

O, también: «No puedo hacer X hasta que...» o «No puedo hacer X a menos que...».

Es cierto: no existe el momento perfecto para hacer algo. Hay momentos mediocres y momentos malos, pero rara vez hay momentos perfectos. Deja de poner condiciones en torno a tu capacidad para trabajar. Solo estás alimentando a tu guardián psicológico, y eso es perjudicial para ti.

Que lo importante es la oportunidad no es del todo cierto. La oportunidad sucede, simplemente. No hay un buen momento para los problemas, y sin embargo suceden de todos modos. Cuando se trata de ser productivo, rara vez hay un momento que claramente sea mejor que otro. Es una mentira que nos decimos a nosotros mismos. Siempre habrá obstáculos que superar y problemas que sortear. De hecho, el 99% de las veces en las que quieras hacer algo, el momento será mediocre y el 1% restante será un momento malo. Eso es todo. Nunca deberías tener la expectativa de la oportunidad perfecta para hacer algo.

¿Cuándo es el momento adecuado para viajar? ¿Cuándo es el momento adecuado para casarse? Cuando es el momento adecuado para tener un hijo? ¿Cuándo es el momento adecuado para dejar de fumar? Ya conoces las respuesta a estas preguntas.

Por ejemplo, nunca hay un momento perfecto para vender una casa. El mercado inmobiliario es impredecible y sus variables están sujetas a cambios de la noche a la mañana. No sabes qué ofertas recibirás ni si alguien verá tu casa. Por otro lado, hay momentos objetivamente desfavorables para vender una casa, como cuando la tasa de desempleo es alta o los préstamos hipotecarios son impagables.

Nos gustaría que el tiempo fuese algo sobre lo que pudiéramos tener el control, pero lo cierto es que rara vez podemos elegir cuándo nos sucede algo. Sin embargo, sí podemos elegir cuándo actuar. Si puedes pensar en esto, entonces es el momento de actuar.

No sé por dónde empezar

¡Sí que lo sabes! El problema es que crees necesitar un plan completo antes de comenzar. Debemos dejar de querer claramente ver todo el camino hasta el final antes de comenzar. He aquí el secreto: para comenzar, no necesitas saber dónde terminarás.

La mayoría de los estudiantes que ingresan a la universidad no tienen claro qué especialidad seguirán. La mayoría de los jóvenes de 18 años no están en condiciones de afirmar cuál querrían que fuese su carrera para toda la vida. Sin embargo, todo el tiempo los animamos a que vayan a la universidad apenas finalicen la escuela secundaria. «No te dejes estar, no esperes demasiado tiempo». Durante los cuatro o cinco años en la universidad, la mayoría de los estudiantes procuran obtener un título que eventualmente les permita acceder a un puesto laboral.

No nos detenemos a pensar en este proceso; sin embargo, una vez en la edad adulta, solemos paralizarnos ante la idea de no ver una línea de meta clara.

La clave es hacer algo ahora con lo que tienes en este momento. Deja de investigar, deja de dudar y de perder el tiempo, y empieza a hacer. Haz lo que puedas hacer ahora mismo, en este preciso momento, y descubrirás los siguientes pasos después.

La página o la pantalla en blanco es la pesadilla del escritor. No importa si el escritor es un estudiante de secundaria o el mismísimo Stephen King. La página en blanco es aterradora. Sin embargo, todos los que finalmente lograron producir algo para llenar ese papel o pantalla tuvieron que primero dejar de leer el libro, investigar sobre el tema o planificar todo el flujo, y simplemente ponerse a escribir.

Las primeras palabras que se escriban pueden no ser buenas, pueden de hecho ser muy malas y deban cambiarse después, pero ningún escritor podrá llegar a esa instancia si nunca escribe una palabra. Empezar a escribir es simple: empieza a escribir. Centrarse en el producto final, un libro de tapa dura con una cubierta brillante, no es el objetivo al principio. La meta es comenzar. Una vez que comiences, el resto vendrá solo, pues sabrás lo que debes hacer para dar el siguiente paso, y así sucesivamente.

No soy lo suficientemente bueno

Quizás sea cierto. Aunque quieras hacer algo, puede que no seas lo suficientemente bueno. ¿Cuál es la solución a este problema? Vuélvete bueno.

A veces, la única forma de lograr algo que se desea es cambiando y adquiriendo una mentalidad de crecimiento, y poniéndose a trabajar. Proponte que el próximo año sepas más de lo que sabes ahora, y que tus habilidades sean mejores de lo que son ahora. Si estás dispuesto a dar los primeros pasos, lo demás te seguirá.

Si sientes que no eres lo suficientemente bueno, reformula el concepto de la siguiente manera: «No soy lo suficientemente bueno en este momento». Después de todo, ¿por qué alguien podría suponer que se puede ser lo suficientemente bueno en algo sin práctica, trabajo ni tiempo? No debes abrigar la expectativa de adquirir una excelencia instantánea. Si no comienzas nunca, nunca será lo suficientemente bueno y habrás profetizado tu propio futuro.

Aprender a tocar un instrumento musical es un ejemplo ilustrativo. Las personas suelen excusarse afirmando no saber nada de música antes de comenzar a aprender a tocar un instrumento musical, lo cual no parece tener mucho sentido, ¿verdad? Si tu objetivo es aprender a tocar el piano, sin duda puedes hacerlo realidad, y ya habrá oportunidad para poder afirmar que sí sabes algo de música. Todos, absolutamente todos podemos aprender a tocar el piano. El hecho de que no seas lo suficientemente bueno ahora no significa que no puedas llegar a serlo con el debido tiempo.

Combatir las excusas resulta una tarea difícil debido a nuestra abrumadora necesidad de autoprotección. Quizás ni siquiera nos demos cuenta de que estamos utilizando nuestros mecanismos de defensa para procrastinar, pero si notas que estás justificando o buscando excusas para explicar tu falta de acción, probablemente estés apelando a tu sistema de defensa.

Ley de Parkinson

La Ley de Parkinson establece que «el trabajo se expande hasta llenar el tiempo disponible para que se termine». Cualquiera que sea la fecha límite que se establezca, por breve o extensa que fuera, ese será el tiempo que tardarás en completar tu trabajo. Si te das un plazo relajado, evitarás ser disciplinado; si te fija un plazo estricto, podrás practicar tu autodisciplina.

El historiador Cyril Parkinson observó que, a medida que las burocracias se expandían, su eficiencia disminuía en lugar de aumentar. Cuanto más espacio y tiempo se les daba a las personas, más tomaban, fenómeno que, según pudo notar, podía aplicarse a una amplia gama de otras circunstancias. La fórmula general de la ley terminó por establecer que aumentar el tamaño de algo disminuye su eficiencia.

En lo que respecta a la atención y al tiempo, Parkinson descubrió que las tareas simples se volvían cada vez más complejas para ocupar el tiempo asignado para su finalización. Disminuir el tiempo disponible para completar una tarea hacía que esa tarea se volviera más simple y fácil, y se completara de manera más oportuna.

Sobre la base de la Ley de Parkinson, un estudio universitario descubrió que aquellos que se imponían plazos estrictos para completar una tarea, obtenían mejores resultados que quienes dedicaban una cantidad excesiva de tiempo a realizarla y que aquellos que no establecían ningún límite en absoluto. ¿Por qué? Las limitaciones artificiales que habían establecido para su trabajo les permitían ser mucho más eficientes que los demás. No podían darse el gusto de pasar mucho tiempo preocupándose por las tareas. Se ponían a trabajar, terminaban los proyectos y seguían adelante. Tampoco tenían tiempo para reflexionar sobre lo que no importaba. Podían concentrarse inconscientemente solo en los elementos que importaban para completar la tarea.

Muy pocas personas te pedirán, y mucho menos exigirán, que trabajes menos. Por lo tanto, si quieres ser más productivo y eficiente, evita caer víctima de la Ley de Parkinson y asigna límites al tiempo para completar cada tarea. Al fijar plazos para el trabajo, te obligas a concentrarte en los elementos cruciales de la tarea, evitando hacer que las cosas sean más complejas o difíciles de lo necesario solo para ocupar todo el tiempo disponible.

Por ejemplo, supón que tu supervisor te pide realizar algunos gráficos estadísticos en una hoja de cálculo. La tarea puede llevarte una hora, pero tras revisar la plantilla, notas que la hoja de cálculo original está tan desorganizada que resulta difícil de leer, por lo que decides comenzar por editarla. Esto te lleva una semana entera, cuando los gráficos que eran tu responsabilidad primera solo te hubiesen llevado una hora. Si te hubieran dado un día para hacerlo, simplemente te hubieras concentrado en los gráficos e ignorado todo lo que no era importante.

Cuando se nos da el espacio, como dicta la Ley de Parkinson, expandimos nuestro trabajo para ocupar todo el tiempo.

Establece fechas límite agresivas para desafiarte a ti mismo de manera constante y evitarás este escollo. Una fecha límite lejana puede provocarte un nivel sostenido de estrés. Esfuérzate por terminar rápido y así liberar tu mente. Ahorra tiempo dándote menos tiempo.

La pirámide de energía

Cuando posponemos nuestro trabajo, suele ser porque tenemos muy poca energía para hacer lo que hay que hacer. Cuando creemos que nuestro trabajo es agotador, nos sentimos demasiado cansados para concentrarnos, nos distraemos fácilmente o sentimos que simplemente no podemos realizar el trabajo que nos han asignado, lo que realmente estamos experimentando son síntomas de una administración deficiente de nuestra energía.

Este es un problema más grande de lo que podríamos suponer, pues la energía, aún más que el tiempo, es un recurso finito que debemos proteger a diario. Nada de lo que has leído en este libro servirá de mucho si no tienes la energía para llevarlo a cabo.

La energía se agota y es necesario recargarla. Una buena herramienta para entender la administración energética es la pirámide de energía, una idea concebida por Jim Loehr y Tony Schwartz en su libro «El poder del compromiso pleno: administrar la energía, no el tiempo, es la clave para el alto rendimiento y la renovación personal».

La pirámide de energía posee cuatro niveles, contando desde la base y hacia la parte superior: energía física, energía emocional, energía mental y energía espiritual. Cada uno de estos niveles juega un papel importante en el abastecimiento o consumo de nuestra energía, y depende de los niveles siguientes para sostenerse. Comprender la naturaleza interconectada de la energía que tenemos para trabajar nos permite tomar las riendas y generar más energía para nosotros mismos. Dicho de otra manera, si no satisfaces estos niveles de energía, será poco probable que estés en condiciones de concentrarte y trabajar, y mucho menos vencer la procrastinación.

Para administrar nuestra energía, la pirámide establece que primero debemos notar y mejorar nuestros niveles de energía física. La energía física es la base de todos los demás tipos de energía y sobre la cual se construyen todas nuestras necesidades energéticas. Para administrar nuestra energía física, nos preocuparemos por nuestra salud física: comeremos sano, dormiremos bien y haremos ejercicio.

Todos esto puede sonar agotador, y a veces lo es. Al fin y al cabo, si no estás acostumbrado a comer verduras, la primera reacción a una dieta saludable será sentir una indigestión. Pero con tiempo y perseverancia, comer bien traerá como consecuencia una flora intestinal ajustada y un excedente de energía. El ejercicio físico funciona de manera similar. Al principio, pensar en hacer ejercicio es agotador y terminamos nuestras rutinas exhaustos. Pero después de haberlo hecho durante una semana o dos, comenzamos a sentirnos con más energía cada vez. Lo que solía ser difícil se vuelve fácil, y una explosión de energía fresca sobreviene para aplicar al resto de las actividades de nuestra vida.

Dormir es una actividad que siempre se siente bien cuando podemos hacerla. Si bien muchos de nosotros desearíamos no necesitar dormir y poder seguir trabajando sin descansar, es un hecho innegociable de la vida que los seres humanos necesitan descansar. Sin dormir, bostezamos, tenemos problemas para concentrarnos y, finalmente, nos quedamos dormidos en medio de nuestras actividades. Por el contrario, cuando nos esforzamos por dormir, estamos con energía, listos para encarar nuestro día, podemos concentrarnos y es poco probable que el sueño nos caiga encima en un momento inoportuno.

Lo mejor de todo acerca de la base física de la pirámide de energía es que no es una escala absoluta. No tenemos que volvernos atléticos como un adolescente ni expertos en salud como un nutricionista. Solo debemos hacernos el espacio para mejorar y mejorar más. Los beneficios son casi inmediatos, y notar cuánto mejor nos sentimos, nos motiva a seguir mejorando.

Una vez que comencemos a mejorar nuestra salud física, tendremos la energía para considerar el siguiente nivel de la pirámide: la energía emocional. Es esencial atender primero nuestras necesidades físicas ya que nuestras emociones dependen de nuestra salud física. Cuando estamos demasiado cansados o hambrientos, no podemos concentrarnos en actividades emocionales.

Las emociones que no son el resultado directo de nuestro estado fisiológico también pueden ayudar u obstaculizar nuestra capacidad para trabajar. Las emociones positivas como la alegría, la expectativa o el sentirse desafiado aumentan nuestro compromiso y nuestra energía. Por el contrario, las emociones negativas como la ansiedad, la frustración, la tristeza, la ira y la amargura nos pesan como si fueran rocas.

Cuando estamos abrumados por estas emociones, es difícil concentrarnos en nuestro trabajo. Pero las emociones no son cosas que elegimos. A veces estamos ansiosos cuando sabemos que estaremos bien y a veces nos enojamos cuando sabemos que no tenemos derecho a sentirnos enojados. A veces suceden cosas terribles y nos sentimos tristes o agraviados; pero incluso cuando las emociones negativas están justificadas, no nos ayudan a aprender, crecer ni agregar valor al mundo.

La mejor arma contra estos monstruos modernos es el «reencuadre». Cuando te enfrentas a un desafío que no crees que puedas superar, no te lamentes de lo inevitable del fracaso, piensa en cuánto puedes aprender y crecer aun si pierdes. Después de todo, el fracaso forma parte del éxito. Nadie logra todo en el primer intento; El fracaso es lo que nos enseña qué hacer de manera diferente para desempeñarnos mejor en el futuro. La sensación de ser agraviado y el deseo primitivo de venganza contra el mundo son algunas de las emociones negativas más comunes, y pueden superarse fácilmente con un cambio de enfoque. La mayoría de las cosas que nos suceden no son malas.

Sentirse bien es esencial para hacer el bien. Centrarse en esos pequeños obsequios y cultivar la gratitud contribuye en gran medida a hacernos emocionalmente sanos. Para sentirnos bien, tenemos que estar dispuestos a dejar ir las emociones negativas y estar agradecidos por los aspectos positivos de todas las cosas. La felicidad fluye libremente cuando hacemos nuestra parte, y cuando estamos felices somos más enérgicos para terminar nuestras tareas.

La energía mental es el tercer nivel de la pirámide. Para que tengamos energía mental, primero debemos tener energía emocional y física, de lo contrario, nuestro agotamiento o infelicidad será demasiado difícil de superar. La energía mental se relaciona con nuestros pensamientos conscientes y nos permite ser productivos.

Este nivel nos pide que tomemos el control de nuestros pensamientos. En lugar de aceptar pasivamente el primer pensamiento que nos viene a la mente, podemos evaluar nuestros pensamientos y responder a ellos para elegir conscientemente lo que pensamos. Esto modificará nuestra perspectiva, permitiéndonos determinar si estamos esperando lo peor o anticipando grandes cosas.

Cuando tomamos las decisiones correctas, nuestro trabajo es más fácil. Incluso podemos llegar a sentirnos energizados ante los problemas, porque lo veremos como un desafío estimulante y no como un presagio de nuestra propia destrucción.

A los fines de construir nuestra energía mental, es importante abordar las tareas con optimismo. Cuando encaramos las cosas desde una perspectiva negativa, suponemos que fallaremos. Por ejemplo, los niños suelen evitar los alimentos nuevos porque «no se ven» sabrosos. Incluso si logramos hacer que prueben la comida a pesar de su juicio inicial, quizás tampoco les guste, pues ya decidieron de antemano que esa comida no es de su agrado. Lo contrario también es cierto: cuando los niños miran la comida y piensan que les puede gustar, o cuando están convencidos de no juzgar, a menudo disfrutan de alimentos nuevos.

Lo mismo ocurre con los adultos y las tareas que debemos completar. Cuando nos emociona la posibilidad de demostrar de lo que somos capaces, solemos hacer un trabajo excelente. En cambio, si suponemos que fallaremos, será difícil hacer el trabajo eficientemente. Además, estamos acumulando miedo del nivel anterior al decirnos a nosotros mismos que no lo lograremos.

Además del optimismo, hay otras herramientas que pueden dirigirnos hacia la mentalidad adecuada. El diálogo interno que sostenemos con nosotros mismos puede hacernos descartar pensamientos inútiles y ofrecernos mejores historias en las que creer. Las charlas internas con las que nos damos ánimo también pueden funcionar.

Visualizar el proyecto acabado puede proporcionar un sentido de realidad a cada proceso terminado, y la meditación puede usar nuestra mente para calmar la tensión física y emocional. Administrar mejor nuestro tiempo también puede ser útil en este nivel de la pirámide de energía, ya que son nuestras mentes lo que usamos para programar nuestro tiempo y evaluar cuánto tiempo pueden y deben tomar las tareas.

Cuando gestionamos nuestro tiempo, guiamos nuestras emociones y nos aseguramos de que nuestros pensamientos nos ayuden en lugar de obstaculizarnos, tenemos más energía y nos resulta más fácil afrontar las tareas que tenemos por delante.

Luego de controlar nuestras mentes, nos enfrentamos a la cima de la pirámide, donde reside la energía espiritual. No se trata de un nivel místico o religioso, más bien nos anima a comprender nuestros valores fundamentales y a alinear nuestras acciones con esos valores. Por ejemplo, una persona que valora ayudar a las personas puede tener un excelente desempeño en la atención médica, pero sentirse insegura en trabajos relacionados con las ventas, pues sus valores coinciden con los de una profesión pero no con los de la otra.

El nivel espiritual se refiere a encontrar un propósito en nuestro trabajo, lo cual es el mejor motivador que existe. El impulso personal solo ocurre cuando nuestras acciones están alineadas con nuestros valores fundamentales. Para ello, debemos elegir un trabajo que se alinee con nuestros valores y alejarnos del trabajo que va en contra de lo que consideramos importante en la vida.

Cuando hacemos lo que creemos que es importante, existe una fuerte motivación para seguir adelante y alegrarnos cuando cumplimos con las tareas. Nuevamente, alinearnos con nuestro trabajo es el motivador más poderoso que existe.

Las energías física, emocional, mental y espiritual son parte del primer principio de la administración de la energía. Cuando logremos todo lo que implica la pirámide, seguramente estaremos llenos de energía, sin embargo, aún no sabremos cómo dirigir y administrar esa energía de manera efectiva. De hecho, podemos estar tan encendidos de energía que corremos el riesgo de quemarnos.

¿Cómo evitamos eso? Con el segundo principio: cada vez que usamos energía, debemos permitir que se renueve. Nadie, sin importar cuánta energía tenga, puede seguir funcionando a toda máquina para siempre. El descanso es necesario, no solo para nuestro cuerpo físico, sino también para nuestra mente y nuestro corazón.

Cuando no nos tomamos un descanso, eventualmente nos estresamos y nos frustramos; estas son emociones negativas que a menudo van acompañadas de pensamientos negativos. Ambos consumirán nuestra energía rápidamente.

Para evitar esto, debemos desconectarnos regularmente para que nuestras mentes puedan sanar. El uso excesivo de energía conduce a la destrucción de ese recurso. El descanso es lo que nos permite sanar y hacernos más fuertes.

En contraste con el segundo principio, el tercer principio de la administración de la energía nos recuerda que para crecer es necesario superar nuestros límites. No podemos quedarnos de brazos cruzados, trabajar constantemente y esperar mejorar. Debemos desafiarnos a nosotros mismos regularmente si queremos crecer.

Los bailarines lo saben muy bien. Todos comienzan sin poder pararse en puntas de pie, y mucho menos sin poder pararse con la elegancia que el maestro desea. Pero empujar hacia arriba permite que los músculos se fortalezcan y que el cuerpo adopte nuevas formas. A veces se necesitan años de esfuerzo persistente para alcanzar nuestras verdaderas metas, pero la forma de lograrlas es siempre planteando un desafío y acercándonos cada vez más a medida que nuestros cuerpos, emociones, mentes y espíritus lo permitan.

Incluso las tareas no físicas nos hacen sentirnos incómodos, como sabrá cualquiera que haya tenido que hablar en público. La mayoría se siente aterrorizada las primeras veces y el público suele percibir ese terror. Los oradores tiemblan, tartamudean y repasan su discurso cientos de veces. Al principio, puede parecer que nunca mejorará, pero la persistencia hace que el orador reanude su tarea a pesar de la dificultad. Lentamente, dar discursos se vuelve más fácil. Eventualmente, los persistentes descubrirán que es una actividad agradable, pero nada de eso será posible sin sentirse impulsado a triunfar por el desafío de hablar en público. En todos los niveles, nos beneficiamos de desafiarnos a nosotros mismos y de enfrentarnos a circunstancias nuevas y difíciles.

El cuarto y último principio de la administración de la energía establece que debemos crear rituales energéticos para mantener un compromiso total. A pesar de la capacidad humana para pensar y elegir, la mayoría de nuestras acciones se basan en el hábito. Normalmente no pensamos en lo que hacemos. Si tenemos que pensar, generalmente no lo hacemos, ¡al menos no por mucho tiempo! Esto significa que resulta esencial transformar las prácticas de mantenimiento de energía en hábitos persistentes para que no tengamos que recordar o convencernos de adoptar hábitos útiles.

Esto seguramente no sorprenderá a nadie que haya hecho dieta alguna vez en su vida. En términos generales, pasar hambre en el corto plazo conducirá a que volvamos a comer de la manera habitual una vez que hayamos bajado de peso. Entonces, los kilos regresan y tenemos que hacer dieta nuevamente. Esto es particularmente dañino, pues cada vez que fallamos en hacer un cambio real y duradero en nuestra vida, el regreso de los viejos hábitos y sus consecuencias parece cada vez más inevitable. No es inevitable, pero para evitarlo se necesitan cambios reales y permanentes. La nueva forma tiene que ser sostenible, esto es, debe convertirse en un hábito.

Una acción que se lleve a cabo de manera constante durante dos meses, suele convertirse en hábito. Pero hasta llegar a ese punto, debemos esforzarnos activamente en crear una nueva rutina. Debemos tomar la decisión de no comer ciertos alimentos, hacer ejercicio físico o beber cierta cantidad de agua. Pero el compromiso y la coherencia solo se necesitan al principio, ya que pensar se volverá eventualmente innecesario: los rituales ya estarán allí para hacernos más saludables, felices y efectivos en nuestro trabajo.

Una vez que contamos con los hábitos para maximizar nuestra productividad, y una vez que nos acostumbramos a desafiarnos a nosotros mismos y descansar para recargar nuestras baterías, resulta mucho más fácil dirigir nuestra energía del modo en que lo necesitamos. Cuando tenemos suficiente energía, incluso aquellas tareas que quisiéramos evitar se vuelven fáciles de afrontar.

Conclusiones

- Sacudirnos la modorra podría constituir en sí mismo la clave para vencer la procrastinación. El enemigo mortal de la procrastinación es el momento inmediato. ¿Cómo podemos aprovechar su debilidad?

- Utiliza la regla 40-70, tal como la popularizó Colin Powell. Esta regla establece que solo necesitas entre el 40% y el 70% de la información, confianza, tiempo o preparación que crees necesarias. Cualquier otra medida es condenarte a la procrastinación. La idea de contar con el 100% de lo que crees necesitar para comenzar es frustrarte antes de la línea de largada. Comienza por actuar con el 70%, en el peor de los casos. Las cosas no mejorarán solo por quedarte esperando más tiempo.

- Los pequeños pasos son los mejores pasos. Las tareas grandes parecen intimidantes e imposibles, pero cuando desarmas la montaña en pequeñas piedras que puedes cargar fácilmente y sin esfuerzo, tienes la oportunidad de ganar impulso y encargarte de lo que hay que hacer de manera inmediata.

- Nos llenamos de excusas para proteger nuestro ego. Pero, por supuesto, las excusas van en detrimento de nuestro espíritu de trabajo. Es importante darse cuenta de que las excusas son en gran parte ilusiones: «Ahora no» (nunca hay un momento perfecto), «No soy lo suficientemente bueno» (quizás no lo seas ahora, pero puedes llegar a serlo), «No sé por dónde empezar» (¡comienza con lo que puedas ya mismo!).

- Presta atención a la pirámide de energía. La energía, más que el tiempo y más que cualquier otra cosa, es lo que determina cuánto hacemos. Es el recurso más escaso, pues se consume a diario. Hay cuatro aspectos o niveles, y cada uno contribuye a la capacidad general de concentración y trabajo: energía física (sin fatiga), energía emocional (sin infelicidad), energía mental (sin desánimo) y energía espiritual (sin falta de propósito).

Guía resumida

CAPÍTULO 1. <u>POR QUÉ TE LA PASAS ECHADO EN EL SILLÓN</u>

- La procrastinación es muy anterior a ti y a mí. El término deriva del latín *pro*, que significa «adelante» o «a favor de», y *crastinus*, que significa «mañana». En términos prácticos, es cuando se pospone algo desagradable, generalmente en busca de algo más placentero. En este primer capítulo, exponemos las causas típicas de la procrastinación.

- El ciclo de la procrastinación consta de cinco etapas: suposiciones inútiles o reglas inventadas, malestar creciente, creación de excusas, actividades de evitación y consecuencias. Concéntrate en disipar tus falsas suposiciones, diseccionar tus excusas y comprender tus actividades de evasión.

- Es importante comprender el principio del placer en el análisis de la procrastinación. En nuestro cerebro se está librando una batalla constante. El cerebro reptiliano, impulsivo y en buena parte inconsciente, quiere placer inmediato a expensas de la corteza prefrontal, más lenta, que toma decisiones racionales. La corteza prefrontal toma decisiones de las que la procrastinación no es precisamente una fanática, mientras que el cerebro reptiliano toma decisiones que conducen a la producción de dopamina y adrenalina. Puede parecer una batalla perdida, pero la clave para luchar contra la procrastinación es poder regular nuestros impulsos, aunque no reprimirlos.

- Puede que simplemente seas una persona impulsiva. Son cuatro los rasgos que componen la impulsividad: urgencia (debo hacer esto ahora mismo), falta de premeditación (no sé cómo me afectará esto más adelante), falta de perseverancia (estoy cansado de esto, no sé qué hacer), y la búsqueda de sensaciones (¡Oh!, hacer aquello parece más tentador que esto que estoy haciendo). Cuanto más elevados sean tus niveles, más impulsivo serás y más tendencia a la procrastinación sufrirás.

- Una técnica útil para vencer la procrastinación es el método HALT, consistente en «hambre», «enojo», «soledad» y «cansancio» (según sus siglas originales en inglés). Cuando te enfrentes a la disyuntiva respecto de si perseverar o postergar, pregúntate si alguno de los factores HALT está presente. Si es así, acepta que estás predispuesto a tomar una mala decisión y trata de dominar tus pensamientos.

- Hay nueve rasgos específicos asociados con la procrastinación: (1) inhibición, (2) autocontrol, (3) planificación y organización, (4) cambio de actividad, (5) inicio de la tarea, (6) seguimiento de la tarea, (7) control emocional, (8) memoria de trabajo y (9) orden general. Un problema en cualquiera de estos nueve rasgos hará de un individuo alguien más proclive a la procrastinación. Para vencer la procrastinación, debemos realizar una de las tareas más difíciles: pensar en el propio razonamiento.

Capítulo 2. Tu perfil de procrastinador

- Este capítulo trata sobre las señales de advertencia que indican que la procrastinación es inminente. Si bien son numerosas y variadas, se pueden categorizar para que te resulte más sencillo diagnosticarlas en ti mismo. Se clasifican teniendo en cuenta la existencia de cinco tipos de procrastinadores: (1) buscador de emociones, (2) evitador, (3) indeciso, (4) perfeccionista y (5) ocupado. Cada tipo tiene sus propios desencadenantes, como excitarse ante la adrenalina y el riesgo, evitar el rechazo o sentirse abrumado. Estos desencadenantes de procrastinación a su vez se pueden agrupar en dos tipos: basados en la acción, y mentales basados en las emociones, considerando las características del entorno físico, y la falta de confianza y seguridad, respectivamente.

- Aunque la procrastinación puede causarnos muchos perjuicios, se ha demostrado que también puede resultar útil de vez en cuando. Puede hacerte más eficiente, hacer que elimines tareas irrelevantes de tu lista de asuntos pendientes y protegerte de tomar decisiones apresuradas, por ejemplo.

Capítulo 3: Mentalidad para la acción

- La procrastinación puede ser resultado de fuerzas biológicas en pugna, y podemos inclinar la balanza a nuestro favor si utilizamos algunas de las tácticas para fortalecer la mentalidad vistas en este capítulo. El miedo es una causa subyacente a menudo subestimada de la procrastinación.

- La primera táctica es comprender cómo aplicar las tres leyes del movimiento de Newton a la procrastinación. Resulta útil concebir la productividad (o la falta de ella) como una ecuación, pues permite pensar en las variables presentes en nuestra vida y aprender a manipularlas. Primero, un objeto en reposo tiende a permanecer en reposo, mientras que un objeto en movimiento tiende a permanecer en movimiento (el primer paso es el más difícil). Luego, el volumen de trabajo producido es resultado de la concentración y de la fuerza que se aplica en él (concentra tus esfuerzos intencionadamente). Finalmente, para cada acción, hay una reacción igual y opuesta (haz un relevamiento de las fuerzas productivas e improductivas presentes en tu vida).

- Otro factor que influye en la procrastinación es la paradoja de la elección, que establece que la existencia de opciones es perjudicial, pues causa indecisión y nos atormenta con dudas. Esta paradoja podría confundirnos como al burro de Buridan y hacernos morir de hambre por no poder decidirnos entre dos platos de comida. Para combatirla, adquiere el hábito de establecer un límite de tiempo para tomar tus decisiones, ver las cosas en blanco y negro, buscar la satisfacción y elegir una opción predeterminada.

- Finalmente, debes comprender que la motivación y el estado de ánimo para dejar de procrastinar no es algo que aparezca espontáneamente. Puede que nunca aparezca antes, pero casi seguro aparecerá después de comenzar. La motivación sigue a la acción, pero la mayoría de nosotros espera la motivación antes de la acción. Lo estamos haciendo al revés. Necesitamos comenzar para sentirnos mejor.

CAPÍTULO 4: TÁCTICAS PSICOLÓGICAS

- A veces, es necesario engañarnos a nosotros mismos para hacer lo que no queremos hacer. De hecho, este es un aspecto muy importante a tener en cuenta para mejorar y lograr destreza en cualquier cosa. Nos sentimos seducidos por el beneficio o el resultado final al punto de sonreír y soportar la incertidumbre presente.

- Muchos piensan que solo pueden trabajar si están de humor, tienen ganas o están inspirados. Esa es una batalla perdida. No confíes en tu estado de ánimo para llegar a donde quieres llegar. Por el contrario, piensa exactamente al revés: una vez que comiences, tu estado de ánimo te acompañará. Para actuar más rápido, fíjate umbrales bajos para comenzar, y enfócate en el proceso y no en el producto final. Además, perdónate por procrastinar y, en lugar de pensar en el problema, piensa en las posibles soluciones.

- Comprende y controla el sesgo de omisión, que es el fenómeno mediante el cual supones las consecuencias de hacer algo, pero eres incapaz de imaginar las consecuencias de no hacer algo. Es más que tomar conciencia. Puedes combatir el sesgo de omisión visualizando proactivamente el mal futuro que estás creando, y eso te pondrá en marcha.

- Visualiza tu yo futuro. La mayoría de las persona padece miopía temporal, que es el déficit en la visión a largo plazo. Tus acciones diarias pueden conducirte a futuros muy diferentes. Cuando puedes visualizar de manera efectiva las consecuencias personales, tanto positivas como negativas, de tus acciones, eres más consciente de lo que debes hacer y te comprometes más con ello.

- Finalmente, utiliza el método si-entonces. Esta fórmula ataca la procrastinación, dado que gracias a ella las decisiones son tomadas de antemano: ante la ocurrencia de cierto evento, se tomará un determinado curso de acción. Al vincularlo a eventos o sucesos concretos, tomar una acción o asumir un comportamiento se vuelve mucho más fácil.

CAPÍTULO 5: PLANIFICACIÓN ESTRATÉGICA

- Aunque sabemos que la procrastinación está permanentemente al acecho, no siempre podemos luchar contra ella, sin importar cuán atentos estemos. Por eso, vale la pena planificar para evitarla por completo. Al menos, así tendrás muchas más posibilidades de dar batalla.

- En primer lugar, puedes utilizar el método STING, mediante el cual seleccionas una tarea, mides el tiempo, ignoras todo lo demás, no tomas descansos y te das un gusto como recompensa. Es el acto de ignorancia deliberada lo que hace que STING sea tan poderoso. Al principio parece un concepto aterrador, pero cuando decidas ocuparte de una sola cosa por vez, estarás feliz de descubrir que el mundo no se acabó por haber dejado otras cosas esperando. Puedes aplicar el método STING de manera encadenada, con descansos entre cada aplicación. Con algo suerte, se convertirá en tu nueva normalidad.

- En segundo lugar, puedes utilizar la ecuación de la procrastinación para aumentar tanto la expectativa de éxito («Puedo hacerlo») como el valor de la tarea («Vale la pena»), mientras disminuyes la impulsividad (la necesidad de hacer algo) y la demora en la recompensa (beneficio inmediato). Puedes manipular cada una de estas variables para aumentar tu motivación hacia la productividad o, al menos, reconocer qué factores podrías estar ignorando.

- En tercer lugar, puedes agrupar las tentaciones. Esto significa satisfacer simultáneamente a tu hedonista yo del presente y al prudente yo del futuro. Haz felices a ambos al mismo tiempo combinando tareas desagradables (yo futuro) con placeres inmediatos (yo presente). Puedes crear una situación en la que ambos se sientan satisfechos, y también puedes hacerlo en el sentido contrario, repartiendo pequeños castigos para ti mismo cuando no hagas lo que debes hacer.

- Por último, puedes utilizar la matriz de Eisenhower para distinguir entre tareas urgentes e importantes. Estas pueden superponerse de vez en cuando, pero si estás procrastinando es porque te enfocas demasiado en lo urgente en detrimento de lo importante.

Capítulo 6: Estructurarse contra la procrastinación

- Este capítulo trata sobre cómo estructurar tu día para evitar la procrastinación. ¿Estos ejercicios funcionan todo el tiempo, todos los días? No, pero existen muchas más probabilidades de éxito cuando se realizan estos ejercicios que cuando no se realizan. La procrastinación te asalta cuando tienes tiempo libre y cuando no estás del todo compenetrado con el trabajo. La organización y la estructuración evitan esto tomando el control y quitándote el peso de la decisión.

- El primer paso en la organización es planificar el horario y la estructura de cada día. Comprométete a no tener más «Días Cero», esos días que dejamos pasar sin hacer nada para lograr nuestro objetivo. En vez de días, también podemos hablar de horas, semanas o minutos cero. En cualquier caso, tener la intención de hacer algo útil en cualquier segmento de tiempo que determinemos nos ayudará a evitar la procrastinación.

- La autointerrogación también puede ayudarte cuando estés a punto de procrastinar. Al formularte una serie de preguntas, puedes dar un paso y romper la inercia. Las preguntas son las siguientes: ¿Qué puedo hacer para comenzar?, ¿Cuáles son mis tres prioridades más importantes para hoy?,

¿Cómo puedo hacer que sea más fácil? y ¿Qué podría salir mal si no hiciera esto ahora?

- Organizarlo todo en tu agenda de verdad funciona, pues te permite comprender visualmente lo que debe hacerse. Este efecto se puede mejorar aún más si programas, junto con la tarea en sí, dónde y cuándo la realizarás, y qué recursos necesitarás. Cuantos más detalles, mejor. Puedes llevar esto un paso más allá organizando la totalidad de tus 168 horas semanales.

- Finalmente, puedes limitar tu consumo de información. Muy poco de lo que consumimos es útil o relevante. La mayor parte se consume inconscientemente, sin que nos demos cuenta de que estamos gastando nuestro tiempo y esfuerzo. Cultiva la autoconciencia, controla tu consumo y reduce tus fuentes de información para poder dedicar tu energía, que es un recurso limitado, al trabajo y la acción.

Capítulo 7. Sacúdete la modorra

- Sacudirnos la modorra podría constituir en sí mismo la clave para vencer la procrastinación. El enemigo mortal de la procrastinación es el momento inmediato. ¿Cómo podemos aprovechar su debilidad?

- Utiliza la regla 40-70, tal como la popularizó Colin Powell. Esta regla establece que solo necesitas entre el 40% y el 70% de la información, confianza, tiempo o preparación que crees necesarias. Cualquier otra medida es condenarte a la procrastinación. La idea de contar con el 100% de lo que crees necesitar para comenzar es frustrarte antes de la línea de largada. Comienza por actuar con el 70%, en el peor de los casos. Las cosas no mejorarán solo por quedarte esperando más tiempo.

- Los pequeños pasos son los mejores pasos. Las tareas grandes parecen intimidantes e imposibles, pero cuando desarmas la montaña en pequeñas piedras que puedes cargar fácilmente y sin esfuerzo, tienes la oportunidad de ganar impulso y encargarte de lo que hay que hacer de manera inmediata.

- Nos llenamos de excusas para proteger nuestro ego. Pero, por supuesto, las excusas van en detrimento de nuestro espíritu de trabajo. Es importante darse cuenta de que las excusas son en gran parte ilusiones: «Ahora no» (nunca hay un momento perfecto), «No soy lo suficientemente bueno» (quizás no lo seas ahora, pero puedes llegar a serlo), «No sé por dónde empezar» (¡comienza con lo que puedas ya mismo!).

- Presta atención a la pirámide de energía. La energía, más que el tiempo y más que cualquier otra cosa, es lo que determina cuánto hacemos. Es el recurso más escaso, pues se consume a diario. Hay cuatro aspectos o niveles, y cada uno contribuye a la capacidad general de concentración y trabajo: energía física (sin fatiga), energía emocional (sin infelicidad), energía mental (sin desánimo) y energía espiritual (sin falta de propósito).

www.ingramcontent.com/pod-product-compliance
Lightning Source LLC
Chambersburg PA
CBHW052206090526
44583CB00017BA/2143